成都理工大学哲学社会科学研究基金项目
"容错纠错机制与国有企业并购：理论分析和经验证据"（YJ2024-QN014）

容错纠错机制对国有企业投资行为的影响研究

Research on the Impact of Fault-tolerance and Error-correction Mechanisms on the Investment Behavior of State-owned Enterprises

赵良凯◎著

中国财经出版传媒集团
经济科学出版社
Economic Science Press
·北京·

图书在版编目（CIP）数据

容错纠错机制对国有企业投资行为的影响研究／赵
良凯著． -- 北京：经济科学出版社，2025.2. -- ISBN
978 - 7 - 5218 - 6725 - 1

Ⅰ. F279.241

中国国家版本馆 CIP 数据核字第 202551S7H3 号

责任编辑：杜　鹏　张立莉　武献杰
责任校对：李　建
责任印制：邱　天

容错纠错机制对国有企业投资行为的影响研究

RONGCUO JIUCUO JIZHI DUI GUOYOU QIYE
TOUZIXINGWEI DE YINGXIANG YANJIU

赵良凯　著

经济科学出版社出版、发行　新华书店经销

社址：北京市海淀区阜成路甲 28 号　邮编：100142

编辑部电话：010 - 88191441　发行部电话：010 - 88191522

网址：www. esp. com. cn

电子邮箱：esp_bj@ 163. com

天猫网店：经济科学出版社旗舰店

网址：http: //jjkxcbs. tmall. com

固安华明印业有限公司印装

710 × 1000　16 开　14 印张　210000 字

2025 年 2 月第 1 版　2025 年 2 月第 1 次印刷

ISBN 978 - 7 - 5218 - 6725 - 1　定价：99. 00 元

前　　言

当前，全球经济结构深刻调整，市场竞争日趋激烈，国有企业作为中国特色社会主义市场经济的重要主体，其投资行为不仅关乎国有企业自身的发展壮大，更直接影响国家经济的整体运行。面对复杂多变的市场环境和日益严峻的风险挑战，如何调动国有企业负责人的干事创业积极性，激发国有企业的生产经营活力，成为一个亟待解决的重要课题。

在这一背景下，容错纠错机制的提出与实践，为国有企业投资行为的促进和激励提供了新的思路与路径。容错是手段，容错不是"纵错"，而是让国有企业负责人卸下思想包袱，解决国有企业负责人敢想敢干的"后顾之忧"，消除国有企业负责人在改革过程中"多干多错、少干少错、不干不错"的消极情绪，激励国有企业负责人形成想干事、真干事、干成事的责任意识。纠错是目的，允许试错是必要的，但还要开展纠错工作，一方面，将纠错贯穿于对国有企业管理层行为的平时审查中，健全和完善国有企业负责人干事创业的纠错制度，强化对国有企业管理层权力运行的日常监督，约束国有企业管理层的自利行为；另一方面，在失误或偏差发生之后，及时启动和开展纠错程序，对失误或偏差进行科学评估，督促国有企业负责人积极主动采取措施纠正错误，纠正之后继续探索。这一机制的建立，旨在构建一个宽松的容错环境和有约束力的纠错机制，为国有企业的可持续发展提供有力保障。

然而，容错纠错机制在国有企业投资领域的应用并非一蹴而就，其效果的发挥受到多种因素的影响与制约。具体来说，有以下三个问题：第一，容错纠错机制的实施是否会对国有企业投资行为产生影响以及产生何种影响？第二，容错纠错机制的实施对国有企业投资行为的影响机制是什么？第三，外部制度环境和内部公司治理的差异会如何影响容错纠错机制与国有企业投资行为之间的关系？基于此，《容错纠错机制对国有企业投资行为的影响研究》一书应运而生。

本书旨在通过系统梳理国内外关于容错纠错机制及企业投资行为的相关理论与实践，深入分析容错纠错机制对国有企业投资行为的多维度影响，揭示其作用机理与传导路径，为评估容错纠错机制的政策效应和优化容错纠错机制的实施效果提供理论依据及实践参考。同时，本书还通过规范研究、实证研究等方法，对容错纠错机制在国有企业投资决策中的具体应用效果进行了评估与总结，以期为进一步深化国有企业改革提供政策建议和改革方向。

本书得以顺利完成并出版，除了感谢笔者学生们提供的帮助，他们收集和整理的资料充实了本书的内容；同时感谢经济科学出版社的编辑对本书的建议以及后期的编辑工作，他们的认真态度是本书质量的保证；更要感谢一些同行们给出的中肯批评和建议，他们使本书的质量得到了进一步的提升。

由于本书作者水平有限，加之时间、精力的限制，书中的缺漏和错误在所难免，请广大专家和学者不吝赐教。

赵良凯

2025 年 1 月

目　录

| 第1章 |

绪　　论

1.1　研究背景

党的十八大以来，党中央高度重视国有企业的改革发展，并针对新时代国有企业改革作出相应战略布局。特别是全国国有企业党的建设工作会议明确指出，国有企业是中国特色社会主义的重要物质基础和政治基础，要持续推动国有企业深化改革、提高经营管理水平，坚定不移把国有企业做强做优做大。作为中国特色社会主义市场经济的重要主体，国有企业在推动经济社会发展、促进科学技术进步、保障和改善民生等方面发挥了至关重要的作用（王红建等，2020）。改革开放以来，我国通过制定一系列政策和措施，不断优化国有企业管理体制和治理体系，健全市场化经营机制，国有企业改革取得了显著成效。但是，由于国有企业的特殊性，国有企业经营活力不足和效率低下一直备受争议（周静和辛清泉，2017）。当前，国有企业改革步入深水区和攻坚期，改革进程的复杂性、敏感性和不确定性逐渐显现，国有企业管理层加重了对改革失误和出错的担心，从而降低了生产经营的积极性。随着我国经济发展迈入了新常态，进一步充分发挥国有企业管理层的主动性与创造性就显得尤为关键，构建有效的容错纠错机制和营造宽松的环境便成为现阶段国有企业改革的重要方向。

2016 年 1 月，习近平总书记在学习贯彻党的十八届五中全会精神专题研讨班上针对干部"为官不为"问题，提出了"三个区分开来"指导原则，即要把干部在推进改革中因缺乏经验、先行先试出现的失误和错误，同明知故犯的违纪违法行为区分开来；把上级尚无明确限制的探索性试验中的失误和错误，同上级明令禁止后依然我行我素的违纪违法行为区分开来；把为推动发展的无意过失，同为谋取私利的违纪违法行为区分开来。"三个区分开来"指导原则明确了宽容失误和过错的三个具体内容，激发了干部担当有为、锐意进取的热情，解决了干事创业者的"后顾之忧"。同年，政府工作报告明确提出"健全激励机制和容错纠错机制"，宽容改革干事者在摸索性实践中出现的偏差和失误，让改革创新者愿干事、敢干事、能干成事。由此可见，容错纠错机制的战略布局和顶层设计不断推进。

自此之后，我国政府开始推动容错纠错机制在国有企业落地见效。在中央企业方面，中央纪委驻国资委纪检组于 2016 年颁布了《关于中央企业纪检工作贯彻落实习近平总书记"三个区分开来"重要思想的指导意见》，明确指出建立容错纠错机制，充分调动和激发中央企业负责人干事创业的积极性、主动性和创造性。在地方国有企业方面，多个省（自治区、直辖市）以及地级市自 2016 年以来逐渐开始推行和实施容错纠错机制，制定和颁布了相关政策文件。例如，为了开拓国有企业发展的新局面，营造宽松失败、允许试错的氛围，激发国有企业领导人员的积极性，青海省于 2016 年出台了《关于建立容错机制鼓励支持省属出资企业改革创新的意见（试行）》。该文件明确了国有企业负责人在企业投资管理、改革创新、重大事项等方面可以免责的条件，并健全了澄清保护等工作机制和措施。这些容错纠错机制的相关文件不仅为国有企业管理层锐意改革、敢于担当营造了宽松的容错环境，解决了国有企业管理层的后顾之忧，而且对国有企业管理层的权力进行了有效监督，在一定程度上约束了国有企业管理层谋取自身利益的行为。

现有关于容错纠错机制的相关研究，主要集中在规范定性层面的探讨（吴传俭等，2017；马轶群和王文仙，2018；辜胜阻和庄芹芹，2016；万庄，

2018；姜晓萍和吴宝家，2021；徐伟等，2017；于凡修，2021）。少数学者研究发现，容错纠错机制的实施显著提升了国有企业的创新投入水平和专利产出数量（叶永卫等，2021；赵玲和黄昊，2022；杨天宇和朱光，2022）。但是，学者们仅仅考察了容错纠错机制实施对国有企业创新活动的影响及其作用机制，而且容错纠错机制主要使用国有企业自身层面是否制定容错纠错机制办法来衡量，这样的研究设计与该实证问题的契合度存在一定差异，容错纠错机制的实施与国有企业投资行为之间的关系有待进一步验证。因此，本书试图遵循"宏观政策—微观企业"的逻辑链条，使用国有上市公司实际控制人所在地区是否出台容错纠错机制办法来衡量容错纠错机制，从国有企业内部、外部投资视角考察我国交错实施容错纠错机制对国有企业投资行为的影响。

企业投资行为是企业最重要的战略决策之一，在促进资金合理配置、推动资源整合和实现经济高质量发展等方面发挥着至关重要的作用。根据企业增长理论，企业发展并不断壮大主要有两种方式：一是内生式增长，依靠企业内部资源，通过对资源重新整合和分配来实现企业的成长；二是外延式增长，通过兼并收购等扩张方式获取外部企业资源，从而促使企业发展。因此，本书根据投资目的和定位不同将与容错纠错机制紧密相关的企业投资行为分为企业内部投资行为和外部投资行为，即扩大再生产的固定资产投资、追求高质量发展的创新投资以及提高规模经济的并购投资。现有学者主要探讨了外部制度环境和内部公司治理等对企业的固定资产投资（Kim and Kung，2018；苗妙等，2016；郝颖和刘星，2011；刘亚伟和张兆国，2016）、创新投资（解维敏和方红星，2011；Michael and Pearce，2009；黎文靖等，2021；Aghion et al.，2005；赵子乐和林建浩，2019；吴延兵，2012；冯根福和温军，2008；孔东民等，2017；何瑛等，2019）和并购投资（Bonaime et al.，2018；潘红波等，2008；袁媛等，2022；李善民和周小春，2007；刘春等，2015；Yim，2013；赖黎等，2017）的影响，鲜有学者从国有企业投资整体视角出发系统考察我国交错实施容错纠错机制对国有企业投资行为的影响及其作用机制。

基于此，本书以我国政府交错颁布和实施容错纠错机制为研究背景，从国有企业内部、外部投资行为视角系统探讨容错纠错机制实施对国有企业固定资产投资、创新投资和并购投资的影响及其作用机制。具体来说，本书试图回答以下三个问题：第一，容错纠错机制的实施是否会对国有企业投资行为产生影响以及产生何种影响？第二，容错纠错机制的实施对国有企业投资行为的影响机制是什么？第三，外部制度环境和内部公司治理的差异会如何影响容错纠错机制与国有企业投资行为之间的关系？

1.2 研究意义

1.2.1 理论意义

本书具有一定的理论意义，主要有以下三个方面内容。

第一，拓展了容错纠错机制经济后果的相关研究。现有关于容错纠错机制的相关文献主要集中在规范研究层面的探讨（吴传俭等，2017；马轶群和王文仙，2018；辜胜阻和庄芹芹，2016；万庄，2018；姜晓萍和吴宝家，2021；徐伟等，2017；于凡修，2021），鲜有关于容错纠错机制的定量分析的文献（叶永卫等，2021；赵玲和黄昊，2022；杨天宇和朱光，2022）。本书利用政府交错颁布和实施容错纠错机制这一独特的中国场景从定量视角出发实证检验了容错纠错机制实施带来的效果，有助于较为全面和完整地理解容错纠错机制的经济后果。

第二，丰富了国有企业投资行为影响因素的相关研究。现有文献主要研究了外部制度环境（刘贯春等，2020；许罡等，2014；Gormley and Matsa，2015；付文林和赵永辉，2014；方军雄，2008；袁媛等，2022）和内部公司治理（杨兴全和曾义，2014；冯根福等，2021；许罡等，2014；姜付秀等，2008；刘万丽，2020）对企业投资行为的影响，鲜有文献考察了容错纠错机制的实施对国有企业创新水平的影响（叶永卫等，2021；赵玲和黄昊，2022；

杨天宇和朱光，2022），本书创新性地系统研究了容错纠错机制实施对国有企业投资行为的影响，有利于较为全面地理解容错纠错机制的实施给国有企业带来的经济效应。

第三，厘清了容错纠错机制对国有企业投资行为的作用机制。本书立足于我国政府实施容错纠错机制这一制度背景，提供了容错纠错机制通过提高公司风险承担水平和缓解委托代理问题促进国有企业投资行为的经验证据，直接验证了风险容忍理论（Manso，2011；Tian and Wang，2014；Ederer and Manson，2013；徐伟等，2017），丰富了委托代理理论（Jensen and Meckling，1976；Jensen，1986）。

1.2.2 实践意义

本书具有一定的实践意义，主要有以下三个方面内容。

第一，为评估容错纠错机制的政策效应提供理论依据和实践参考。本书基于中国情景探讨了容错纠错机制的实施对国有企业投资行为的激励效应，研究发现，容错纠错机制通过提高公司治理水平和公司风险承担水平显著促进了国有企业投资行为，从而评估了容错纠错机制的实施效果，为政府推行容错纠错机制建言献策。

第二，为进一步深化国有企业改革提供政策建议和改革方向。作为推动经济高质量发展的"排头兵"，国有企业被赋予了更多的使命，如何提高国有企业管理层的生产积极性成为重要话题。本书研究发现，容错纠错机制辅以晋升激励机制可以显著提升国有企业投资水平，这表明加快容错纠错机制的推行和实施可能是国有企业进一步深化改革的重要方式。

第三，为优化容错纠错机制实施效果提供证据支持和参考指引。本书基于行业竞争程度、地区法治环境等外部制度环境和高管晋升激励、高管任期等公司内部治理特征的不同，探讨外部制度环境和公司内部治理特征对容错纠错机制实施效果的差异性影响，考察该机制发挥作用的条件，探寻优化容错纠错机制实施效果的改革方向。

1.3　研究内容与研究方法

1.3.1　研究内容

本书以政府交错实施容错纠错机制为研究背景，在风险容忍理论和委托代理理论的基础上，考察容错纠错机制的实施对国有企业投资行为的影响及其作用机制，以及在不同的外部制度环境和公司内部治理特征下容错纠错机制的实施对国有企业投资行为的差异性影响。根据投资目的和定位不同，本书将与容错纠错机制紧密相关的企业投资行为分为企业内部投资行为和外部投资行为，即扩大再生产的固定资产投资、追求高质量发展的创新投资以及提高规模经济的并购投资。因此，本书的主要内容是从这三种投资行为出发，从国有企业内部、外部投资行为视角探讨容错纠错机制的实施对国有企业固定资产投资、创新投资和并购投资的影响及其作用机制。

具体而言，首先，本书从"宏观政策—微观企业"视角，重点考察容错纠错机制的实施是否会对国有企业投资行为产生影响以及产生何种影响？其次，基于容错纠错机制对国有企业投资行为的影响，探讨其作用路径是什么？再次，外部制度环境和公司内部治理特征的差异是否会对容错纠错机制与国有企业投资行为之间的关系产生不同影响？最后，本书还特别关注容错纠错机制的实施是否会对不同层级国有企业投资行为均有影响？

基于此，首先，本书实证检验了容错纠错机制的实施对国有企业投资行为的影响及其作用机制。其次，本书结合行业竞争程度、地区法治环境等外部制度环境和高管晋升激励、高管任期等企业内部治理特征的差异，考察了容错纠错机制的实施对国有企业投资行为的不同影响。最后，在拓展性分析部分中，本书探讨了容错纠错机制的实施对不同层级国有企业投资行为的影响。

1.3.2 研究方法

本书主要采用规范研究法和实证研究法对容错纠错机制与国有企业投资行为之间的关系进行探讨和检验。

1.3.2.1 规范研究法

首先，本书通过中国知网、Web of Science 等文献数据库对容错纠错机制与企业投资行为的文献进行收集和梳理，思考以往研究对本书的启示。其次，本书基于风险容忍理论与委托代理理论，按照"宏观政策—微观企业"的逻辑链条，剖析容错纠错机制对国有企业投资行为的作用机制。最后，本书从外部制度环境和公司内部治理等视角对容错纠错机制与国有企业投资行为之间的关系进行深入研究。

1.3.2.2 实证研究法

首先，本书通过政府官方网站和百度搜索引擎等方式手工收集容错纠错机制数据，利用 CSMAR 数据库、WIND 数据库等获取企业投资、公司特征和公司治理等数据，并对相关数据进行初始处理。其次，本书在数据处理的基础上，构建计量回归模型，运用 Stata 统计软件对数据进行描述性统计分析和多元回归分析等，从而对容错纠错机制与国有企业投资行为之间的关系进行实证检验。最后，本书通过异质性分析和作用机制分析等方法进一步验证本书的假设，保证研究结论的可靠性和稳健性。

1.4 研究思路与结构安排

1.4.1 研究思路

本书基于"宏观政策—微观企业"的研究视角，遵循"制度背景与理论基础—文献综述—实证研究—结论与启示"的研究思路，从我国政府交错实施容错纠错机制这一现实背景出发，对容错纠错机制的实施与国有企业投资行为之间的关系及其作用机制等方面展开研究和讨论。

首先，基于本书的研究问题"容错纠错机制对国有企业投资行为的影响研究"，介绍我国容错纠错机制出台和实施的制度背景，阐述容错纠错机制的相关理论，梳理和评述容错纠错机制与企业投资行为的相关文献，着力打通"宏观政策—微观企业"的逻辑链条，系统研究容错纠错机制在国有企业投资中的定位及其作用机理。

其次，在实证研究部分中，本书将与容错纠错机制紧密相关的企业投资行为分为企业内部投资行为和外部投资行为，即扩大再生产的固定资产投资、追求高质量发展的创新投资以及提高规模经济的并购投资，并主要从这三种投资行为出发，探讨容错纠错机制的实施对国有企业固定资产投资、创新投资和并购投资的影响及其作用机制。

最后，基于本书的研究内容，归纳总结研究结论，提出本书对容错纠错机制的实施和国有企业改革的启示和建议，指出本书的研究局限，并给出未来围绕容错纠错机制和国有企业投资行为等方面可能的研究方向。

综上所述，本书的研究思路如图 1 - 1 所示。

1.4.2 结构安排

本书立足于我国政府交错实施容错纠错机制这一制度背景，将与容错纠错机制紧密相关的企业投资行为分为企业内部投资行为和企业外部投资行为，即扩大再生产的固定资产投资、追求高质量发展的创新投资以及提高规模经济的并购投资，系统探讨容错纠错机制的实施对国有企业投资行为的影响及其作用机理，基于此，本书共包括 7 章，各章节的结构安排如下。

第 1 章为绪论。一方面，本章基于我国现实背景介绍了探讨容错纠错机制对国有企业投资行为影响的重要性，并指出了本书研究的理论意义和实践意义。另一方面，基于本书的研究问题，本章提出了本书的研究内容和逻辑

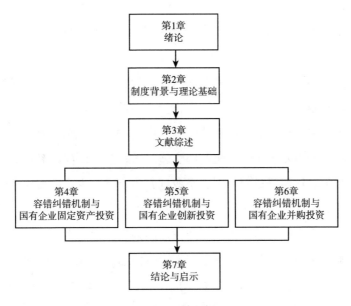

图 1 - 1 研究思路

框架, 并多维度地分析了本书潜在的研究创新。

第 2 章为制度背景与理论基础。首先, 本章介绍了我国容错纠错机制的顶层设计, 说明了我国推动容错纠错机制在中央企业和地方国有企业落地见效的过程, 并初步阐述了容错纠错机制对国有企业的影响。其次, 结合我国国有企业的改革现状, 本章阐述了我国容错纠错机制的出台背景和实践意义, 并在此基础上, 概括了容错纠错机制政策文件中符合条件的可以容错的情形和纠错的工作程序。再次, 本章提出了与本书研究主题密切相关的风险容忍理论与委托代理理论的相关研究, 并结合国有企业情况, 分析了容错纠错机制对国有企业投资行为的潜在影响。最后, 基于风险容忍理论和委托代理理论, 本书构建了容错纠错机制影响国有企业投资行为的理论框架。

第 3 章为文献综述。一方面, 基于本书的研究问题, 本章分别对容错纠错机制和企业投资行为两方面的文献进行了概括和梳理, 其中, 企业投资行为文献主要从影响企业固定资产投资、企业创新投资、企业并购投资等投资行为因素的角度来综述。另一方面, 本章针对现有研究存在的不足之处进行了总结和评述。

第 4 章为容错纠错机制与国有企业固定资产投资。首先，本章实证检验了容错纠错机制的实施对国有企业固定资产投资水平的影响及其作用机制。其次，结合我国外部制度环境和企业内部治理特征的差异，本章考察了容错纠错机制的实施对国有企业固定资产投资水平的不同影响。最后，在拓展性分析部分中，本章探讨了容错纠错机制的实施对不同层级国有企业固定资产投资水平的影响以及容错纠错机制的实施对国有企业投资效率的影响。

第 5 章为容错纠错机制与国有企业创新投资。首先，本章实证检验了容错纠错机制的实施对国有企业创新投资水平的影响及其作用机制。其次，结合我国外部制度环境和企业内部治理特征的差异，本章考察了容错纠错机制的实施对国有企业创新投资水平的不同影响。最后，在拓展性分析部分中，本章探讨了容错纠错机制的实施对不同层级国有企业创新投资水平的影响、容错纠错机制对国有企业内部投资的影响差异、容错纠错机制的实施对国有企业创新效率的影响，以及容错纠错机制的实施对国有企业创新绩效的影响。

第 6 章为容错纠错机制与国有企业并购投资。首先，本章实证检验了容错纠错机制的实施对国有企业并购投资水平的影响及其作用机制。其次，结合我国外部制度环境和企业内部治理特征的差异，本章考察了容错纠错机制的实施对国有企业并购投资水平的不同影响。最后，在拓展性分析部分中，本章探讨了容错纠错机制的实施对不同层级国有企业并购投资的影响、容错纠错机制对国有企业内部投资和外部投资的影响差异、容错纠错机制对国有企业相关多元化并购的影响，以及容错纠错机制对国有企业并购绩效的影响。

第 7 章为结论与启示。一方面，提出了本书的研究结论，以及对容错纠错机制的实施和国有企业改革的启示和建议。另一方面，指出了本书在变量界定、实证分析等方面的研究局限，并给出了未来围绕容错纠错机制和国有企业投资行为等方面可能的研究方向。

综上所述，本书的结构安排如图 1 - 2 所示。

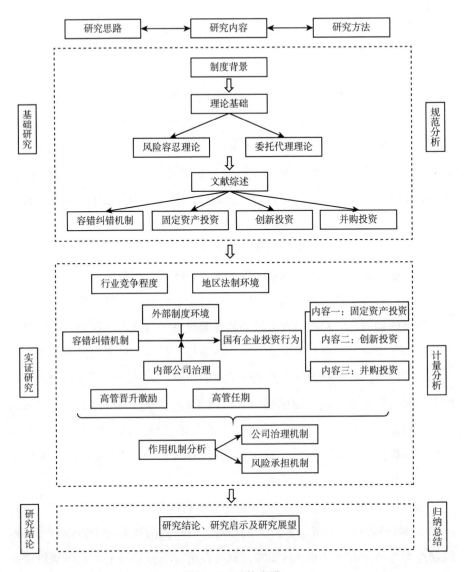

图 1 - 2 结构安排

1.5 研究创新

本书立足于中国制度背景，以政府交错实施容错纠错机制为场景，从国有企业内部、外部投资行为视角深入研究容错纠错机制影响国有企业固定资产投资、创新投资和并购投资的内在机理,可能的研究贡献和创新之处主要有以下几点。

第一,在研究视角上,本书将国有企业投资行为置于我国政府交错实施容错纠错机制这一中国场景中,打通了"宏观政策—微观企业"的逻辑链条,在一定程度上克服了已有研究的缺陷。现有关于容错纠错机制的相关文献,主要集中在规范定性层面的探讨(吴传俭等,2017;马轶群和王文仙,2018;辜胜阻和庄芹芹,2016;万庄,2018;姜晓萍和吴宝家,2021;徐伟等,2017;于凡修,2021),本书从定量视角出发对此进行了拓展,有助于较为全面地理解容错纠错机制实施所带来的影响。

第二,在研究内容上,本书不仅考察了容错纠错机制的实施对扩大再生产的固定资产投资的影响,而且进一步探讨了容错纠错机制的实施对追求高质量发展的创新投资和提高规模经济的并购投资的影响,系统阐述了容错纠错机制的实施对国有企业投资行为的作用路径。目前,学者们对于容错纠错机制的实施与国有企业投资行为之间关系的研究,仅仅关注了容错纠错机制的实施对国有企业创新活动的影响(叶永卫等,2021;赵玲和黄昊,2022;杨天宇和朱光,2022),忽略了容错纠错机制的实施对国有企业固定资产投资和并购投资的影响,割裂了容错纠错机制影响国有企业投资行为的完整性,本书对此进行了补充和完善。

第三,在研究方法上,本书借鉴贝克等(Beck et al.,2010)、李等(Li et al.,2016)、张训常等(2021)的做法,借助我国政府交错实施容错纠错机制作为外部冲击设计准自然实验,利用多期双重差分模型考察容错纠错机制的实施对国有企业投资行为的影响。现有容错纠错机制影响企业投资行为的研究,主要是从国有企业自身层面是否制定容错纠错机制办法视角来设计实证模型(叶永卫等,2021;赵玲和黄昊,2022;杨天宇和朱光,2022),而本书从政府层面是否实施容错纠错机制视角来构建模型,这样的实证设计更契合研究问题,更能较好地避免其他因素的干扰。

第四,在研究成果上,本书发现,容错纠错机制的实施显著促进了国有企业固定资产投资、创新投资和并购投资，这一研究结论肯定了容错纠错机制存在的意义，为我国探索建立宽松的容错环境提供了现实依据。同时，本书实证检验了公司治理机制和风险承担机制是容错纠错机制促进国有企业投资行为的作用路径，不仅可为国有企业激励机制的设计提供实践参考，而且对于推动国有企业高质量发展也具有一定的政策启示。

第 2 章

制度背景与理论基础

2.1　制度背景

2.1.1　我国容错纠错机制的演变与实施

随着国有企业改革步入深水区和攻坚期，改革进程的复杂性、敏感性和不确定性逐渐显现，难啃的"硬骨头"越来越多，国有企业负责人对改革失误和出错的担心逐渐加重，此时，容错纠错机制的颁布和实施的必要性则不言而喻（陈朋，2019）。

2016 年 1 月，习近平总书记在省部级主要领导干部学习贯彻党的十八届五中全会精神专题研讨班上，针对干部"为官不为"问题，提出了"三个区分开来"的指导原则，明确了宽容失误和过错的三个具体内容，激发了干部担当有为、锐意进取的热情，解决了干事创业者的"后顾之忧"。同年，我国政府工作报告明确提出"健全激励机制和容错纠错机制"，为改革干事者先行试验和摸索性实践营造宽松的容错环境，让改革创新者愿干事、敢干事、能干成事。2017 年，党的十九大报告也明确指出，建立容错纠错机制，完善激励机制，鼓励干部主动作为、有效作为、大胆作为。2018 年，中共中央办公厅进一步围绕建立容错纠错机制出台了《关于进一步激励广大干部新时代新担当新作为的意见》，目的在于为改革干事者打消顾虑、扫除障碍，激发改革干事者的主动性和积极性。

随着容错纠错机制的顶层设计和制度安排的不断推进，我国政府也开始推动容错纠错机制在国有企业落地见效。在中央企业方面，2016 年，中央纪委驻国资委纪检组制定并颁布了《关于中央企业纪检工作贯彻落实习近平总书记"三个区分开来"重要思想的指导意见》。该文件标志着容错纠错机制正式在中央企业的落地生根，目的在于为中央企业负责人在锐意改革、敢于担当过程中的错误和失误创造宽容环境，调动和激发中央企业负责人干事创业的积极性和主动性，解决中央企业负责人干事创业的后顾之忧。

在地方国有企业方面，多个省（自治区、直辖市）以及地级市自 2016 年以来结合各地区的实际情况制定和颁布容错纠错机制的相关文件。例如，为了开拓国有企业发展的新局面，营造宽容失败、允许试错的氛围，激发国有企业领导人员的积极性，青海省于 2016 年出台了《关于建立容错机制鼓励支持省属出资企业改革创新的意见（试行）》。该文件明确了国有企业负责人在企业投资管理、改革创新、重大事项等方面可以免责的条件，并健全了澄清保护等工作机制和措施。又如，为了充分调动省属国有企业领导人员改革干事的主动性和积极性，陕西省于 2016 年制定了《陕西省省属国有企业领导人员容错纠错办法（试行）》，指出了可以容错的十种情形和完善的纠错改正机制，进一步提出了澄清保护机制，为国有企业领导人员营造了勇于干事、敢于担当的良好环境。再如，珠海市于 2020 年颁布了《珠海市市属国有企业改革发展容错纠错实施办法（试行）》，明确了推进企业改制重组、推动产品创新和品牌创新、发展混合所有制经济等具体容错内容，指出了启动纠错、发送通知、督促整改、完善制度等纠错程序和方法。

通过对容错纠错机制相关文件的梳理，发现政府推进容错纠错机制在国有企业中的实施是一个渐进式的过程，不同国有企业受容错纠错机制影响的时点存在差异，从而为本书通过多期双重差分模型考察容错纠错机制实施对国有企业投资行为的影响提供了一个良好的契机，有助于本书从"宏观政策－微观企业"的视角探讨容错纠错机制的实施效果。

2.1.2 我国容错纠错机制的出台背景

近年来，围绕约束问题产生的国有企业领导人员行为扭曲现象屡见不鲜，如"不作为"，甚至是"不敢作为"以及"消极避责"等。随着我国国有企业改革进入深水区和攻坚期，尤其需要激发国有企业负责人干事创业、攻坚克难的主动性和积极性，但如果"改革探索只许成功不许失败"，其结果会使国有企业负责人产生"多干多错、少干少错、不干不错"的消极情绪，给改革的成效带来不确定性。为此，我国出台了容错纠错机制的相关政策文件。例如，《关于中央企业纪检工作贯彻落实习近平总书记"三个区分开来"重要思想的指导意见》《关于建立容错机制鼓励支持省属出资企业改革创新的意见（试行）》《陕西省省属国有企业领导人员容错纠错办法（试行）》《珠海市市属国有企业改革发展容错纠错实施办法（试行）》等，旨在为国有企业领导人员干事创业松绑。具体来说，容错纠错是指对国有企业负责人在经营管理、推动发展、维护稳定的过程中，因先行试验或探索性实践出现失误或偏差，但符合自身工作性质、没有利用权力为自身谋取利益的，可以不对国有企业负责人进行追究，及时对失误或偏差进行纠正，最大限度地消除负面影响，保障国有企业负责人的干事热情。

在国有企业中推行容错纠错机制的意义主要有以下两点：一方面，调动国有企业管理层的主动性、积极性和创造性，消除"不作为""不敢作为"问题，促进国有企业管理层锐意进取、敢于担当；另一方面，允许国有企业管理层试错、犯错和改错，但要对犯错的原因和性质进行调查，健全和完善相应制度，将纠错工作流程纳入对国有企业管理层行为的平时审查中，强化对国有企业管理层权力运行的日常监督，在约束国有企业管理层行为的同时，进一步激励和保障国有企业管理层想干事、能干事、干成事。

为了有效推进容错纠错机制的实施，正确处理执行政策和调动国有企业负责人积极性的关系，对于国有企业负责人干事创业中出现的偏差和失误，应综合考虑该偏差和失误出现的原因和性质等因素，从而判断该偏差和失误是否符合容错的条件。为此，政府规定了可以对国有企业负责人容错免责或减轻责任的具体情形：第一，在推进改革试点工作过程中，因政策不明确、无先例可遵循出现的偏差和失误；第二，在推动和落实创新驱动发展战略过程中，因探索性实践、缺少创新经验、敢于改革创新等出现的偏差和失误；第三，在调整企业投资结构和推进企业转型升级过程中，因国家相关政策调整、上级决策部署变化出现的损失或负面影响；第四，在推进工程承包建设、固定资产投资过程中，虽然履行了严格的审批程序，但因不可预见的不确定性出现的损失；第五，在企业兼并收购和股权转让等过程中，由于不可预见等因素出现偏差和失误；第六，在推动混合所有制经济发展，探索和非国有企业实施战略合作、股权融合、资源整合过程中，因政策不明确、无先例可遵循出现的偏差和失误，但经过严格的审核程序、未导致国有权益重大损失且个人未谋取私利；第七，在完善法人治理结构、深化企业用人制度改革、探索市场化薪酬分配制度和劳动用工制度过程中，因打破常规和惯例而出现的偏差和失误；第八，在应对重大突发性事件等过程中，为及时且有效平息事态而采取措施导致意外损失或程序存在瑕疵，但事后及时采取补正方法；第九，在工作过程中，因自然灾害等不可预见因素出现的损失或负面影响；第十，其他符合容错条件的情形。

对国有企业负责人进行容错，不能一味地、无休止、没尺度地宽容国有企业负责人先行先试和探索性实践中的偏差和失误，而是应该掌握好容错的标准和准则，这样既能充分调动国有企业负责人的积极性，又能对国有企业负责人的权力进行一定程度的约束和监督。为此，对国有企业负责人符合容错条件的情形，还应当采用以下程序进行纠错：首先，在对国有企业负责人做出容错决定的同时，开始对国有企业负责人的行为开展纠错程序。其次，向国有企业负责人送达通知书，指出国有企业负责人错误或偏差的缘由，责成国有企业负责人提出相应的整改方法。再次，追踪、跟进国有企业负责人的整改情况，敦促国有企业负责人在一定期限内改正。最后，督促相关部门或企业认真剖析原因，健全相关制度，将纠错程序纳入对国有企业管理层行为的审查制度中，强化对国有企业负责人权力运行的日常监督，对有苗头、有倾向的问题早发现、早纠正。

实施容错纠错机制，就要正确看待容错和纠错之间的关系。容错和纠错是鼓励国有企业负责人干事创业和调动国有企业负责人积极性的两个重要抓手，二者并存不悖。容错是手段，容错不是"纵错"，而是让国有企业负责人卸下思想包袱，解决国有企业负责人敢想敢干的后顾之忧，消除国有企业负责人在改革过程中"多干多错、少干少错、不干不错"的消极情绪，激励国有企业负责人形成想干事、真干事、干成事的责任意识。纠错是目的，允许试错是必要的，但还要开展纠错工作，一方面，将纠错贯穿为国有企业负责人营造宽松环境的全过程和对国有企业管理层行为的平时审查中，健全和完善国有企业负责人干事创业的纠错制度，强化对国有企业管理层权力运行的日常监督，约束国有企业管理层的自利行为；另一方面，在失误或偏差发生之后，及时启动和开展纠错程序，对失误或偏差进行科学评估，督促国有企业负责人积极主动采取措施纠正错误，纠正之后继续探索。

2.2　理论基础

2.2.1　风险容忍理论

风险容忍度是指在企业目标达成和实现过程中对差异的可接受程度，即在风险偏好的基础上设置的对目标达成和实现过程中所出现差异的可容忍限度。大量的研究表明，风险容忍对企业的投资起到了重要的促进作用（Aghion et al.，2013；胡国柳等，2019）。曼索（Manso，2011）通过构建理论模型，发现容忍早期的失败风险和奖励长期的成功是促进创新的最优方案。埃德雷尔和曼索（Ederer and Manso，2013）也证实了这一观点，认为容忍早期失败和奖励长期成果可以显著提升创新水平。田和王（Tian and Wang，2014）研究指出，风险资本对企业创新风险的容忍度越高，企业创新水平越高。王等（Wang et al.，2020）研究发现，董事高管责任保险通过提高董事和高管的风险偏好显著促进了企业创新。王姝勋和董艳（2020）研究发现，对高管授予期权激励显著提升了企业并购概率和并购金额，拓展性分析表明，提高公司风险承担水平和缓解公司委托代理问题是潜在的影响机制。李延喜等（2020）认为，"一带一路"倡议在短期上对企业的创新投入具有显著的促进作用，长期上对企业的创新产出和创新效率具有明显的激励作用。同时，对作用机制进行分析，结果显示，多元化经营提高了企业对风险的容忍度，更有助于发挥"一带一路"倡议对企业创新活动的促进作用。

国有企业管理层承担的风险和获得的收益是不对等的，管理层承担高风险获得的高收益由股东所有，但管理层要承受风险乃至失败导致的严重后果。因此，国有企业管理层不愿承担较高的风险和实施较高风险的投资活动，而合理有效的激励机制能够缓解这一利益冲突。但是，由于缺乏对国有企业高管的有效激励，这种利益冲突在国有企业中更加突出，高管在国有企业决策中更加容易出现机会主义行为和道德风险（刘慧龙，2017；陈运森和谢德仁，2011）。此外，国有企业管理层的行政任命以及严格的薪酬管制，使其获得较低的收益份额（陈冬华等，2005；李文贵和余明桂，2012），加重国有企业高管对风险与收益不对等的担忧，从而降低国有企业高管承担风险的意愿。

容错纠错机制的实施可能会提高国有企业风险承担水平，进而促进国有企业的投资行为。容错纠错机制的实施可以营造宽容失败、允许试错的氛围，为国有企业管理层创造宽松的容错环境，允许国有企业高管试错、犯错和改错，激发国有企业高管的积极性、主动性和创造性，激励和保障国有企业高管想干事、能干事、干成事，从而提升国有企业的投资水平。

2.2.2 委托代理理论

由于企业的所有权和经营权的分离，股东享有企业的所有权和剩余索取权，职业经理人拥有企业的运营管理权，企业便产生了委托代理关系。委托代理关系的存在，虽然可以克服企业股东兼任管理者产生的缺陷，但也会出现股东和管理层之间的利益冲突，带来管理者损害股东利益的风险（Berle and Means，1932）。随后，詹森和麦克林（Jensen and Meckling，1976）创新性地提出了委托代理理论，为学者们从委托代理视角探讨公司治理问题奠定了夯实的理论基础。他们认为，具有运营管理权的职业经理人会利用信息优势为自身谋取私利，但忽视了股东利益，进而产生了委托代理问题。

学术界围绕如何缓解企业的委托代理问题展开了激烈的讨论（Jensen，1986；邢立全和陈汉文，2013；何玉润等，2015；徐虹等，2015；Hart，1983；赵洪江等，2008）。在外部制度环境方面，环境规制、方言一致性、产品市场竞争、半强制分红政策等均显著降低了企业的代理成本（姜付秀等，2009；张爱美等，2021；戴亦一等，2016；魏志华等，2017）。在内部公司治理方面，股权激励、股权集中度、央企董事会试点、家族企业利他行为等均对企业代理成本具有显著的抑制作用（李小荣和张瑞君，2014；李明辉，2009；李文贵等，2017；王明琳等，2014）。

在国有企业的多层委托代理关系中，国有企业的股东缺乏能力和动机，直接有效监督职业经理人对企业的日常运营管理（杨瑞龙，1997）。与民营企业相比，国有企业管理层的行政任命及其特殊的管理制度使委托代理问题在国有企业中更加突出（Chen et al.，2008）。此外，由于国有企业高管面临着严格的薪酬管制（陈冬华等，2005），以薪酬为主的激励机制不能发挥其应有的作用（李新春等，2006）。因此，在对国有企业高管缺乏有效激励和约束的情况下，国有企业相较于民营企业有着较高的代理成本。张兆国等（2008）和李寿喜（2007）的研究也得出了相似的结论。

容错纠错机制的实施可能会降低国有企业的代理成本，进而促进国有企业的投资行为。一方面，容错纠错机制可以为国有企业管理层创造宽松的容错环境，解决管理层的后顾之忧；另一方面，容错纠错机制把纠错程序嵌入国有企业管理层的管理审查、决策审查和纪律审查之中，将其固化成审查制度和监督机制，这会对国有企业管理层的权力进行更为有效的监督，在一定程度上约束国有企业管理层的行为，从而提升国有企业的投资水平。

2.3　理论框架

根据企业增长理论，企业发展并不断壮大主要有两种方式：一是内生性增长，依靠企业内部资源，通过对资源重新整合和分配来实现企业的成长；二是外延式增长，通过兼并收购等扩张方式获取外部企业资源，从而促使企业发展。在企业内部资源有限和激烈的市场竞争等情形下，保持一定程度的兼并收购对企业来说是具有重要意义的。因此，本书根据投资目的和定位不同，将与容错纠错机制紧密相关的企业投资行为分为企业内部投资行为和外部投资行为，即扩大再生产的固定资产投资、追求高质量发展的创新投资以及提高规模经济的并购投资。

基于此，本书基于风险容忍理论和委托代理理论，以我国政府交错实施容错纠错机制为制度背景，从国有企业内部、外部投资行为视角系统考察容错纠错机制的实施能否提高公司风险承担水平，缓解委托代理问题，从而促进国有企业的投资行为。一方面，基于风险容忍理论的观点，容错纠错机制的实施可以为国有企业管理层在锐意改革、敢于担当过程中的错误和失误创造宽容的环境，打消国有企业管理层对投资风险乃至投资失败的顾虑，激发国有企业管理层的积极性、主动性和创造性，从而提升国有企业的投资水平；另一方面，基于委托代理理论的观点，容错纠错机制会对在国有企业投资过程中犯错的原因和性质进行调查和核实，健全和完善国有企业投资的纠错制度，将纠错工作流程纳入对国有企业管理层行为的平时审查中，强化对国有企业管理层权力运行的日常监督，在一定程度上约束国有企业管理层的行为，降低国有企业代理成本，从而促进国有企业的投资行为。

综上，本书结合上述理论基础对容错纠错机制的实施影响国有企业投资行为进行理论框架搭建。本书的理论框架如图 2-1 所示。

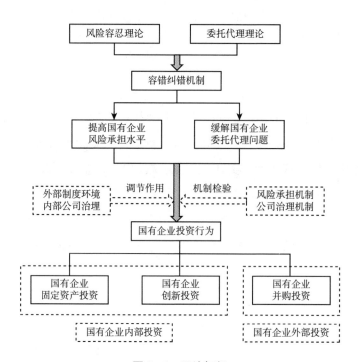

图 2-1　理论框架

| 第 3 章 |

文献综述

3.1 容错纠错机制的文献综述

"容错"本身是信息技术领域的专业术语，是指当计算机系统运行出现故障时，仍能正确完成规定的任务。2016 年，我国明确提出建立健全容错纠错机制，为改革干事者打消顾虑、扫除障碍，激发改革干事者的主动性和积极性。自此之后，学者们围绕容错纠错机制展开了讨论，但相关文献主要是以规范研究法为主，少量文献采用实证研究的方法。

陈朋（2017）认为，容错与问责的根本目标是一致的，但是问责是从防止权力出错的视角，容错是从鼓励创新的视角。陈朋（2019）通过对案例进行分析发现，具有强烈担当意识又能准确把握容错标准的"一把手"能够有效发挥容错机制的激励作用。万庄（2018）指出，提升激励约束和容错纠错机制的有效性，必须恰当把握二者的关系，明晰容错纠错机制的适用范围，进一步增强容错纠错机制实施的可操作性。休伊和卓德（Huy and Zott，2019）发现，建立容错机制和营造容错氛围，是有效降低畏惧风险、激发创新活力的重要方式。姜晓萍和吴宝家（2021）研究发现，构建容错纠错机制在于利用激励和约束手段，重塑创新主体的行为心理，以此促进其实施创新活动。

还有部分学者从制度设想视角研究了容错纠错机制的适用性。吴传俭等（2017）通过分析创新驱动战略下的资源错配风险与容错纠错机制的必要性，提出政府审计应该基于服务创新驱动战略的理念，构建创新驱动审计监督的容错纠错机制。马轶群和王文仙（2018）深入探讨了构建国家审计容错纠错机制的实施路径，即在行为导向下，将容错纠错机制纳入原有的国家审计环节中，提出具有操作性、可实施性的国家审计容错纠错流程，以及保障国家审计容错纠错机制运行的措施。李猛（2017）、郑展鹏等（2019）研究发现，政府应该实施容错机制，从而激发自由贸易试验区进行制度创新的积极性。刘鑫（2020）研究指出，我国应根据原始创新超前性与可评估滞后性等特征，构建支持原始创新的容错机制，具体来说，应包括容错管理体系、处理程序和保障体系等内容。刘泽照（2021）研究认为，确立应急管理系统容错纠错机制，即通过一系列制度安排，增强政府官员履行日常应急职能和响应紧急事态的积极主动性。桑瑞星等（2021）研究提出了科技创新政策实施容错机制的必要性，从而全面提升气象部门事业单位的效能，实现气象事业的高质量发展。李扬子（2022）研究指出，企业应该建立健全容错机制，使有能力的管理者敢于选择探索式创新战略，实施高质量的创新活动，实现企业的良好发展。

此外，部分学者从国有企业视角探讨了容错纠错机制的影响。李红娟和张晓文（2017）通过对国有企业混合所有制改革员工持股案例的研究，总结了国企混改员工持股的经验和问题，提出建立改革容错纠错机制等建议，推进国企混改员工持股制度改革。何立胜和陈元志（2016）通过对国有企业负责人进行问卷调查，结果显示，绝大多数国有企业负责人认为，制约国有企业创新能力的因素是缺乏创新的容错机制，国有企业应该建立宽容失败、允许试错的容错机制，为国有企业"双创"营造宽松的氛围。辜胜阻和庄芹芹（2016）也得到了相似的结论，在企业容错机制缺失的情况下，国有企业管理者因担心承担创新失败的责任而缺乏创新的意愿，为此，国有企业应营造宽容创新失败、鼓励创新的环境。徐伟等（2017）研究发现，容错机制为国有企业高管进行创新活动提供了试错的环境，有利于打破国有企业高管不愿创新、不敢创新的处境。进一步地，于凡修（2021）则提出，提升国有企业的创新能力，要深化推进容错纠错机制建设，而实施容错纠错机制能否达到预期效果，取决于容错纠错机制自身的科学性，即管理科学化和决策科学化。

目前，关于容错纠错机制对国有企业影响的讨论主要以定性研究为主，但也有部分学者采用实证研究方法考察了容错纠错机制的实施与国有企业创新水平之间的关系。杨天宇和朱光（2022）、赵玲和黄昊（2022）利用基于国有企业交错颁布和实施容错纠错机制办法这一场景，考察了容错纠错机制的实施对国有企业创新活动的影响，发现容错纠错机制的实施激发了国有企业实施创新活动的意愿，显著提升了国有企业的创新水平。叶永卫等（2021）的研究也证实了这个观点，发现容错纠错机制的实施不仅促进了国有企业的创新投入，而且还提高了国有企业专利的申请数量。

3.2 企业投资行为的文献综述

一直以来，企业投资决策行为在增加股东财富、促进资源整合以及推动经济增长中占据十分重要的地位，因此，企业投资行为一直是学术界和实务界广泛关注的重要领域。根据投资目的和定位不同，本书将与容错纠错机制紧密相关的企业投资行为分为企业内部投资行为和企业外部投资行为，即扩大再生产的固定资产投资、追求高质量发展的创新投资以及提高规模经济的并购投资。本书的研究问题正是探讨容错纠错机制的实施与国有企业固定资产投资、创新投资和并购投资之间的关系。因此，下面主要从影响企业固定资产投资、创新投资和并购投资的因素来进行文献回顾和评述。

3.2.1 企业固定资产投资的影响因素

企业固定资产投资决策就是选择有效的投资项目，促进资金的合理配置，从而实现企业价值最大化的目标。学者们对于企业固定资产投资影响因素的关注度日益增加，并进行了深入的探讨。本部分主要从政府政策（张成思和刘贯春，2018；许罡等，2014；Kim and Kung，2018；刘啟仁等，2019；赵静和陈晓，2016；）、法制环境（Brown et al.，2013；汪伟和张少辉，2022；赵仁杰和张家凯；2022）、政府干预（郝颖和刘星，2011；蔡卫星等，2011；刘星和郝颖，2013）等外部制度环境，以及股权结构（潘越等，2020；郝颖，2012）、董事会治理（马连福和高塬，2020；刘亚伟和张兆国，2016）等内部公司治理两个视角对现有文献进行梳理和总结。

3.2.1.1 外部制度环境

学术界关于外部制度环境如何影响企业固定资产投资的探讨，主要从政府政策（张成思和刘贯春，2018；许罡等，2014；Kim and Kung，2018；刘啟仁等，2019；赵静和陈晓，2016）、法制环境（Brown et al.，2013；汪伟和张少辉，2022；赵仁杰和张家凯；2022）、政府干预（郝颖和刘星，2011；刘星和郝颖，2013）等方面进行了展开。

在政府政策方面，经济政策、财政政策和货币政策等是我国宏观调控经济运行的重要方式，学者们探究了宏观政策与企业固定资产投资之间的关系（Bernanke，1983；Kim and Kung，2018；樊勇等，2018；刘行等，2019；刘怡等，2017；后小仙和郑田丹，2021；张成思和刘贯春，2018；刘贯春等，2020；刘贯春等，2019；叶永卫等，2021；许罡等，2014；House and Shapiro，2008；Zwick and Mahon，2017；刘啟仁等，2019；申慧慧和于鹏，2021；付文林和赵永辉，2014；赵静和陈晓，2016）。张成思和刘贯春（2018）研究认为，经济政策不确定性对企业固定资产投资具有明显的抑制效应，进一步分析表明，无论企业的融资约束程度是否严重，该抑制效应依然显著。刘贯春等（2020）研究也证实这个观点，结果显示，经济政策不确定性的上升降低了实体投资率。具体来看，一方面，经济政策不确定性的上升抑制了企业固定资产投资；另一方面，经济政策不确定性的上升促进了企业金融资产投资。刘贯春等（2019）探讨了资产可逆性对经济政策不确定和企业固定资产投资关系的影响，发现企业资产可逆性越高，经济政策不确定性引起的投资风险越低，企业固定资产投资被削弱的程度越低，且该影响在融资约束高的企业中更加突出。叶永卫等（2021）研究指出，党组织参与公司治理弱化了经济政策不确定性对民营企业固定资产投资的挤出效应，并且该影响在融资约束低的企业中更加明显。

政府补贴和税收优惠是财政政策的两大重要工具，学者们探讨了政府补贴和税收优惠对企业固定资产投资的影响。许罡等（2014）认为，政府补助显著促进了企业固定资产投资，但是，政府补助显著抑制了企业无形资产投资和对外投资，这表明政府补助使企业偏好选择有助于拉动经济增长的固定资产投资，而忽视企业无形资产投资和对外投资。学者们还研究了税收优惠对企业固定资产投资的影响，发现税收优惠是激励企业固定资产投资的重要工具。豪斯和夏皮罗（House and Shapiro，2008）、兹维克和马洪（Zwick and Mahon，2017）均发现，短期税收优惠对企业固定资产投资具有显著的促进作用。国内学者同样得到了类似的结论，刘啟仁等（2019）利用固定资产加速折旧政策设计准自然实验，考察了税收优惠增加与企业固定资产投资之间的关系，研究结果表明，固定资产加速折旧政策对企业固定资产投资水平具有显著的促进效应，且该促进效应在资产结构偏长期的企业中更加突出。申慧慧和于鹏（2021）指出，受税法折旧政策支持的企业固定资产投资明显增加。付文林和赵永辉（2014）研究发现，税收激励促进了企业权益性投资和固定资产投资，但对前者的促进作用更强。此外，还有学者研究了货币政策与企业固定资产投资之间的关系。

在法制环境方面，良好的法制环境对企业固定资产投资有着重要影响（汪伟和张少辉，2022；苗妙等，2016；赵仁杰和张家凯，2022）。学者们对法制环境和企业固定资产关系的探究，主要从整体法制环境和具体法律条文两个方面展开（Brown et al.，2013；汪伟和张少辉，2022）。在整体法制环境方面，赵仁杰和张家凯（2022）基于地方司法体制改革探讨了法制环境对企业固定资产投资的影响，结果表明，司法"去地方化"改革有利于为企业作出投资决策，营造良好的司法环境，增强企业实施投资行为的信心，促进企业进行更多的固定资产投资。黄俊等（2021）研究指出，当公司所在省份设立巡回法庭后，上市公司的投资规模显著增加。苗妙等（2016）研究发现，完善的法治环境有利于调整企业投资结构偏向，即法治环境越好，企业技术性投资越多，企业固定资产投资越少。在具体法律条文方面，汪伟和张少辉（2022）研究指出，《社会保险法》的颁布和实施增加了企业的人工成本，减少了企业的自由现金流量，因此，企业会通过减少企业固定资产投资和增加企业现金持有量来面对企业的流动性风险。

在政府干预方面，在我国特殊制度背景下，政府干预也是影响企业固定资产投资的关键因素之一（程仲鸣等，2008；蔡卫星等，2011；郝颖和刘星2011；赵静和郝颖，2013；赵静和陈晓，2016）。郝颖和刘星（2011）认为，在政府干预越强的地区，地方政府越有动机干预国有企业增加固定资产投资，拓展性分析表明，在政府干预程度较大的地区，国资委控制的上市公司固定资产投资较多。赵静和郝颖（2013）的研究也证实这一观点，发现由于GDP 竞争压力，地方政府会干预企业扩大固定资产投资水平，减少技术投资规模，表明地方政府倾向于通过干预企业资本投向来实现 GDP 贡献率最大化的目标。此外，还有部分学者探究了政府干预的调节作用。例如，赵静和陈晓（2016）研究发现，货币政策越紧缩，企业的固定资产投资规模越小，拓展性分析表明，随着政府干预程度的不断加大，紧缩货币政策对企业过度投资的负向影响会越来越弱。

3.2.1.2 内部公司治理

学术界关于内部公司治理如何影响企业固定资产投资的探讨，主要围绕股权结构（潘越等，2020；郝颖，2012）、董事会治理（马连福和高塬，2020；刘亚伟和张兆国，2016）等方面进行了展开。

在股权结构方面，学者们围绕股权结构与企业固定资产投资之间的关系展开了讨论（Dyck and Zingales，2004；Almeida and Wolfenzon，2006；郝颖等，2006；吴冬梅和庄新田，2016；潘越等，2020；郝颖和刘星，2011；郝颖等，2012）。潘越等（2020）研究指出，连锁股东出于竞争合谋的动机引发企业出现投资不足，且该影响在非国有企业中更加明显，拓展性分析表明，连锁股东的合谋行为降低了企业固定资产投资、无形资产投资和并购投资水平，进而损害了企业价值。除此之外，还有部分学者探讨了股权控制与企业固定资产投资之间的关系。郝颖和刘星（2011）研究发现，最终控制人的现金流权越低，越会增加资本在固定资产投资、无形资产投资和长期股权投资中的自利性投入，从而导致企业总体投资规模的扩大。郝颖等（2012）的研究也证实了这个观点，发现终极股东的现金流权比例越低，越有动机增加企业的固定资产投资、无形资产投资和长期股权投资，减少企业的研发投资。

在董事会治理方面，董事会作为一种治理机制，对企业固定资产投资具有重要影响（马连福和高塬，2020；刘亚伟和张兆国，2016；潘越等，2020）。马连福和高塬（2020）的研究一方面考察了资本配置效率与企业创新投资的关系，另一方面探究了企业固定资产投资和创新投资的变化趋势，研究结果表明，资本配置过度与企业创新投资之间的关系并不显著，但资本配置不足显著降低了企业创新投资水平。拓展性分析表明，由于创新投资的调整成本高于固定资产投资的调整，因此，当资本配置不足时，企业会大幅减少固定资产投资规模来保障企业的创新投资。刘亚伟和张兆国（2016）研究发现，董事长既有任期和预期任期均显著提升了企业投资水平，拓展性分析表明，董事长既有任期和投资挤占为显著正相关关系，董事长预期任期和投资挤占为显著负相关关系。也就是说，董事长既有任期越长，企业固定资产投资和无形资产投资越多，长期股权投资越少；董事长预期任期越长，企业固定资产投资无明显变化，无形资产投资越少，长期股权投资越多。潘越等（2020）研究指出，连锁股东出于竞争合谋的动机引发企业出现投资不足，且该影响在非国有企业中更加明显，拓展性分析表明，更少对高管实施股权激励和向企业董事会委派董事是潜在的作用机制。

3.2.2 企业创新投资的影响因素

创新不仅能够提高企业的资源配置效率，从而促进企业的高质量发展（Romer，1990），而且对于推动经济增长起着至关重要的作用（李延喜等，2019）。因此，学者们对于企业创新影响因素的关注度日益增加，并进行了大量的研究。本书主要从外部制度环境和内部公司治理两个视角对现有文献进行梳理和总结。

3.2.2.1 外部制度环境

学术界关于外部制度环境如何影响企业创新的探讨，主要从金融发展水平（解维敏和方红星，2011；张倩和张玉喜，2020）、政府政策（白俊红和李婧，2011；Wallsten，2000；章元等，2018；孔军和原靖焕，2021；谭劲松等，2017；黎文靖和郑曼妮，2016）、税收优惠、法制环境（高洁等，2015；魏浩和巫俊，2018）、竞争环境（余明桂等2021；蔡竞和董，2016；戴静等，2020）、非正式制度环境（吴超鹏和金溪，2020；潘越等，2017；徐细雄和李万利，2019）等方面进行了展开。

在金融发展水平方面，学者们普遍认为地区金融发展水平是影响企业创新的重要外部制度环境（解维敏和方红星，2011；庄毓敏等，2020；Meierrieks，2014；辜胜阻等，2016；张倩和张玉喜，2020）。具体来说，金融发展促进企业创新主要通过以下几个方面进行：第一，金融发展带来了金融活动规模和交易总量的增加以及金融工具的多样化，有利于增强企业融资的可获得性，促使企业利用多种融资方式扩展资金来源（辜胜阻等，2016；Claessens and Laeven，2003；戴小勇和成力为，2015），缓解了企业研发投入时面临的融资约束，从而提高企业创新水平（Ayyagari et al.，2011）。张倩和张玉喜（2020）的研究结论也证实了这个观点，金融发展为企业融资活动提供了更多的金融服务和渠道，增强了企业外部融资的能力，有助于企业创新水平的提高。第二，金融发展使得金融机构收集和处理信息的能力不断提

高，能在一定程度上缓解企业与投资者之间的信息不对称，减少监测成本
（Morales，2003），降低企业的融资成本，促进企业创新投入的增加。解维敏
和方红星（2011）研究发现，金融发展可以使金融中介更为便捷地收集企业
的融资信息，降低审批和监督成本，使得企业以较低的融资成本获取研发所
需的资金。第三，金融发展使得金融体系发挥分散风险的作用，通过有效管
理和分散风险克服公司风险和流动性风险（King et al.，1993），将风险分担
给最具承受能力的投资者，从而保证企业创新能够获得持续且稳定的资金支
持（张一林等，2016）。

在政府政策方面，财政政策、货币政策和产业政策等是我国宏观调控经
济运行的重要方式。政府补贴和税收优惠是我国财政政策的两大重要工具，
但其与企业创新之间的关系尚未得出一致结论。在政府补贴方面，部分学者
得出了政府补贴对企业创新具有促进效应的研究结论（Binelli and Maffioli，
2007；解维敏等，2009；白俊红和李婧，2011；郭玥，2018；Howell，2017）。
例如，吴金光等（2022）研究发现，政府研发补贴显著促进了企业的研发投
入，并且该促进作用在非国有企业、高新技术企业和市场化程度较低地区的
企业更加明显。杨亭亭等（2018）研究指出，政府补贴不仅有利于增加企业
的专利数量，而且促进了企业专利质量的提升，同时这一正向促进效应具有
一定的持续性。有一些学者指出，政府补贴不会显著影响甚至会抑制企业创
新（Wallsten，2000；Michael and Pearce，2009；卢现祥和李磊，2021）。例
如，章元等（2018）利用中关村高新技术企业对政府补贴的效果进行了检
验，发现政府补贴存在明显的挤出效应，受到政府补贴的企业自主创新水平
显著下降。白旭云等（2019）研究指出，政府补贴对企业的创新质量和创新
绩效均具有抑制作用。还有一些学者发现，政府补贴和企业创新之间存在非
线性关系（Dai and Cheng，2015）。例如，吴伟伟和张天一（2021）研究指
出，政府补贴对于新创企业的创新产出具有明显的倒"U"型影响，并且新
创企业的金融化水平的提升能够增强这种影响。

在税收优惠方面，税收优惠对企业创新的促进效应得到了部分学者的验
证（陈玲和杨文辉，2017；Parisi and Sembenelli，2003；程瑶和闫慧慧，

2018）。例如，孔军和原靖换（2021）认为，在减税降费政策下，企业税负下降显著促进了企业创新专利产出水平，具体表现为，企业非发明专利的显著增加，但对企业发明专利无显著影响。胡华夏等（2017）研究指出，税收优惠显著促进了企业研发投入，成本黏性发挥了部分中介作用。与之相反，另一部分学者指出，税收优惠不会显著影响甚至会抑制企业创新（韩凤芹和陈亚平，2021；袁建国等，2016）。例如，王桂军和曹平（2018）研究发现，"营改增"政策通过促进专业化分工显著降低了企业自主创新水平。

此外，货币政策和产业政策也是政府扶持企业创新的重要手段。郑等（Zheng et al.，2018）研究指出，四万亿刺激计划缓解了企业面临的融资约束，显著促进了企业创新活动。谭劲松等（2017）认为，产业政策对受政策支持企业的研发投资具有激励作用，并且政府支持力度越大，企业研发投资的意愿越高。何钰子等（2022）研究指出，地方产业政策显著促进了企业创新，进一步研究结果表明，地方性法规形式的产业政策可以利用税收政策支持企业创新，而地方政府规章形式的产业政策没有此效果。黎文靖和郑曼妮（2016）研究发现，产业政策提供的政府补贴和税收优惠增加了企业的寻租行为，因此，受产业政策扶持的企业仅仅是非发明专利申请量的明显增加，表现为企业策略性创新水平的提高。

在法制环境方面，以知识产权保护为核心的法律保护是与企业创新密切相关的法制环境之一，对企业的创新活动具有举足轻重的作用（Loury，1979；Chen and Puttitanun，2005）。学者们对知识产权保护与企业创新之间的关系进行了深入探讨，但尚未得出一致结论。一些学者认为，知识产权保护促进了企业创新活动（Pazderka，1999；高洁等，2015；魏浩和巫俊，2018）。例如，吴超鹏和唐菂（2016）指出，知识产权保护执法力度越强，企业创新水平越高，进一步研究发现，减少创新溢出损失和缓解融资约束是知识产权保护执法力度促进企业创新的作用机制。王海成和吕铁（2016）以广东省知识产权行政、民事和刑事案件"三审合一"作为准自然实验，考察了知识产权司法保护水平与企业创新之间的关系，发现知识产权司法保护水平的提高有利于促进企业创新，且在高科技企业、非国有企业和小规模企业中该促进作用更加明显。相反地，有一些学者指出，知识产权保护抑制了企业创新活动（Furukawa，2007；潘越等，2015）。例如，黎文靖等（2021）以北上广试点知识产权法院作为准自然实验，研究发现，知识产权法院对企业的创新投入和专利产出具有明显的抑制作用，并且该作用在非国有企业、受中央产业政策支持的企业、出口比重较低的企业和创新能力较弱的企业中更加明显。除此之外，另有部分学者认为，知识产权保护与企业创新活动之间并非简单的线性关系。刘思明等（2015）研究发现，知识产权保护与企业专利产出之间呈现倒"U"型关系，但绝大多数的样本位于拐点左侧，拓展性分析表明，知识产权保护对发明专利产出的促进效应要显著大于非发明专利产出。肖冰等（2019）研究指出，知识产权司法保护与企业创新之间并不是单向的影响与被影响的关系，而是一种互相影响和制约的关系。

在竞争环境方面，市场竞争是影响企业创新的重要外部因素之一（Aghion et al.，2005），学术界对于市场竞争与企业创新之间的关系进行了深入探讨，但尚未得出一致结论。一些学者研究指出，激烈的市场竞争会导致企业间的相互模仿，减少企业的超额利润，从而抑制企业创新活动（Dasgupta and Stiglitz，1980；Reinganum，1983；Grossman and Elhanan，1991；Henderson and Cockburn，1996；Zhou，2009）。例如，余明桂等（2021）采用双重差分方法，研究发现，《反垄断法》的实施对垄断性企业的创新活动具有显著的抑制效应。相反，部分学者研究发现，作为公司外部治理机制和市场竞争机制，产品市场竞争会促进企业创新活动（Kimberly and Evanisko，1981；Tishler and Milstein，2008；Berry，2020）。例如，何玉润等（2015）研究发现，产品市场竞争促进了企业研发强度。张杰等（2014）的研究也得出了类似的结论，发现竞争会促进中国企业的创新活动。蔡竞和董艳（2016）、戴静等（2020）认为，竞争性的银行业市场结构显著促进了企业创新活动，且在中小企业中表现更加显著。此外，还有部分学者认为，产品市场竞争与企业创新之间并非简单的线性关系，而是"U"型或倒"U"型的非线性关系（Spulber，2013；Bos et al.，2013；徐晓萍等，2017）。例如，布恩（Boone，2001）研究指出，市场竞争与企业创新之间呈"U"型关系，即当市场竞争程度较低或较高时，企业的创新水平较高。阿吉翁等（Aghion et al.，2005）研究指出，产品市场竞争与企业创新之间呈倒"U"型关系，即当市场竞争程度增加时，企业的创新水平随之增加，但达到一定程度后，企业的创新水平会随着市场竞争程度的增加而减少。同样地，聂辉华等（2008）研究认为，产品市场竞争与企业创新之间呈现出倒"U"型的关系，也就是说，一定程度的市场竞争能够显著促进企业的创新活动。

非正式制度环境方面，社会信任和文化等非正式制度能够成为正式制度的补充，弥补正式制度的不足，对企业创新产生重要影响（Adhikari and Agrawal，2016；Murphy，2002；赵奇锋等，2018；毕晓方等，2020；顾雷雷和王鸿宇，2020；吴超鹏和金溪，2020；赵子乐和林建浩，2019；潘越等，2017；张璇等，2022；徐细雄和李万利，2019）。例如，哈桑等（Hasan et al.，2020）发现，美国各州的社会资本与总部位于该州的企业创新水平显著正相关。同样地，国内学者也获得了社会信任和文化能够促进企业创新的经验证据。顾雷雷和王鸿宇（2020）认为，社会信任显著提高了企业创新水平，并且社会信任能够作为正式制度的补充来发挥替代效应。吴超鹏和金溪（2020）研究发现，社会资本越高，企业的创新数量和质量越高，表现为企业专利的产出水平和被引用次数越高。赵子乐和林建浩（2019）基于东南沿海三大商帮的企业数据，考察了非正式制度对企业创新活动的影响，认为海洋文化对企业创新活动具有显著的促进效应。潘越等（2017）从方言的视角衡量文化多样性，并考察了文化多样性与企业创新活动之间的关系，发现在文化多样性越强的地区，民营高科技企业的创新水平越高。张璇等（2022）、徐细雄和李万利（2019）研究发现，儒家文化显著促进了企业创新活动。

3.2.2.2 内部公司治理

学术界关于内部公司治理如何影响企业创新的探讨，主要围绕股权结构（吴延兵，2012；李春涛和宋敏，2010；陈丽霖和冯星昱，2015；冯根福和温军，2008）、董事会治理（孙早和肖利平，2015；赵旭峰和温军，2011；周杰和薛有志，2008；胡元木，2012）、高管激励（刘万丽，2020；顾海峰和朱慧萍，2021；田轩和孟清扬，2018；周铭山和张倩倩，2016）、管理层特征（王山慧等，2013；郎香香和尤丹丹，2021；张正勇和胡言言，2021；Yang et al.，2018）等方面进行了展开。

在股权结构方面，股权结构是公司治理结构的基础，主要包括股权性质和股权集中度两个维度。学者们围绕股权性质与企业创新之间的关系展开了讨论，但尚未得出一致结论（Lin et al.，2011；唐跃军和左晶晶，2014；吴延兵2012；李春涛和宋敏，2010；解维敏等，2009）。一部分学者认为，由于承担了促进就业和维护社会安全稳定等政策性负担，国有企业进行创新活动的意愿不强，即与国有企业相比，非国有企业具有更强的创新意愿（Lin et al.，2011；唐跃军和左晶晶，2014）。吴延兵（2012）研究指出，由于存在预算软约束和严重的委托代理问题，国有企业不仅存在创新效率损失，而且还存在生产效率损失。另一部分学者指出，国有企业与政府存在密切关系，拥有更多的研发资源，因此，国有企业更具创新性（李春涛和宋敏，2010；解维敏等，2009）。聂辉华等（2008）研究发现，相较于其他所有制企业，国有企业的创新水平更高，并且随着企业规模变大，这种创新水平的相对优势会更加明显。

同样地，股权集中度也是股权结构的重要内容，学术界对于股权集中度与企业创新之间的关系也没有得出一致结论（赵洪江等，2008；陈丽霖和冯星昱；周瑜胜和宋光辉，2016；陈隆等，2004；冯根福和温军，2008）。一部分学者认为，股权集中度较高可以缓解股东和管理层之间的代理问题，提高大股东的监督能力，约束管理层的短视行为，从而促进企业创新（Albert，2001；赵洪江等，2008；陈丽霖和冯星昱，2015）。任海云（2010）考察了股权结构对企业创新投入的影响，发现股权集中有利于促进企业创新投入。另一部分学者指出，股权集中度过高可能会为控股股东利用控制权攫取私利创造条件，从而抑制企业创新（Kwon and Yin，2006）。周瑜胜和宋光辉（2016）运用实证分析方法，考察了公司控制权对企业研发投资水平的影响，发现股权集中度抑制了企业研发投资水平。还有部分学者发现，股权集中度与企业创新之间并非简单的线性关系，可能是"U"型关系或倒"U"型关系（陈隆等，2004；冯根福和温军，2008）。刘胜强和刘星（2010）研究指出，股权集中度与企业创新水平之间呈"U"型关系，也就是说，股权集中度过高或者过低都有助于提高企业创新水平。

在董事会治理方面，董事会作为一种治理机制，对企业创新发挥着至关重要的作用，学术界主要从董事会结构以及董事会规模两个视角来探讨董事会治理对企业创新活动的影响。目前，学者们对董事会规模和企业创新活动之间的关系进行了探讨，尚未得出一致结论。有学者认为，董事会规模过大会使得董事会议事程序烦琐，战略决策缓慢（Judge and Zeithaml，1992），从而抑制企业创新（孙早和肖利平，2015；徐金发和刘翌，2002）。但是，扎赫拉（Zahra et al.，2000）研究发现，11 名董事组成的董事会对企业创新活动的激励效应最强。还有部分学者指出，董事会规模对企业创新的影响不显著（杨勇等，2007）。赵旭峰和温军（2011）、周杰和薛有志（2008）通过实证研究，考察了董事会治理对企业创新的影响，发现董事会规模与企业创新投入之间存在负相关关系但未通过显著性测试。对于董事会结构，学者们主要从独立董事视角探讨其对企业创新的影响，但尚未得出一致结论。一方面，赵旭峰和温军（2011）、冯根福和温军（2008）研究发现，董事会中独立董事占比与企业创新投入存在显著的正相关关系。但是，贝辛格（Baysinger，1991）、希尔和斯内尔（Hill and Snell，1988）研究认为，外部董事会抑制公司创新活动，而内部董事则会促使公司进行更多的创新活动。另一方面，周杰和薛有志（2008）、陈丽霖和冯星昱（2015）研究指出，独立董事对企业创新投入水平没有显著的影响。此外，还有部分学者研究了独立董事特征与企业创新之间的关系（刘中燕和周泽将，2020；章永奎等，2019；胡元木，2012）。例如，刘中燕和周泽将（2020）、章永奎等（2019）分别研究发现，技术独立董事和学者型独立董事显著提升了企业的创新投入水平。胡元木（2012）通过实证研究的方法探究了技术独立董事与企业创新活动之间的关系，指出技术独立董事显著提升了企业的研发投入产出效率。

在高管激励方面，薪酬激励、股权激励和晋升激励对企业创新均具有重要影响。首先，在薪酬激励方面，学者们对高管薪酬水平和薪酬差距进行了研究（余明桂等，2016；Shen and Zhang，2018）。刘万丽（2020）指出，高管短期薪酬促进了企业研发投资，进一步研究表明，风险承担发挥了部分中介效应。王燕妮（2011）、黄庆华等（2019）的研究也证实了这一结论，他们发现，高管短期薪酬与企业创新水平呈现正相关关系。进一步地，学者们从高管团队内部薪酬差距、高管与员工之间薪酬差距以及外部薪酬差距三个维度出发，研究了薪酬差距对企业创新活动的影响（赵奇锋和王永中，2019；Sharma，2011）。顾海峰和朱慧萍（2021）研究发现，高管团队内部薪酬差距会显著促进企业进行研发投资，拓展性分析表明，融资约束和董事联结程度的提高会增强该促进作用。孔东民等（2017）发现，企业高管与员工之间的薪酬差距显著促进了企业的创新产出，研究结论验证了"锦标赛"理论。梅春等（2022）研究指出，企业 CEO 和本地区最高薪酬 CEO 之间的薪酬差距明显提升了企业的创新产出水平。其次，在股权激励方面，学术界对高管股权激励和企业创新之间的关系进行了深入探讨（田轩和孟清扬，2018；王姝勋等，2017）。部分学者发现，股权激励与企业创新正相关（Lerner and Wulf，2007；田轩和孟清扬，2018）。玛丽安娜等（Marianna et al.，2006）指出，高管股权激励显著促进了科技密集型企业创新活动。国内学者同样验证了这一观点，王姝勋等（2017）研究指出，高管股权激励有助于提升企业创新水平。最后，在晋升激励方面，学术界对国有企业高管晋升激励与企业创新之间的关系也进行了一定的探讨。周铭山和张倩倩（2016）研究认为，国有企业高管的政治晋升激励显著提升了国有企业创新投入产出率和创新产出的价值增值能力，进一步研究表明，该结果在高薪酬激励和低在职消费时更加明显。

在管理层特征方面，管理层是企业战略决策的主要制定者和执行者。因此，管理层特征也是影响企业创新的重要因素（何瑛等，2019；李亚飞等，2022；Hirshleifer et al.，2012），管理层特征如何影响企业创新，引起了学术界的广泛关注。部分学者发现了管理层特征促进企业创新的经验证据（尹志锋，2018；权小锋等，2019；张晓亮等，2019）。例如，加拉索和西姆科（Galasso and Simcoe，2011）认为，过度自信 CEO 所在企业创新绩效更好，专利引用数量更多。赫什雷弗等（Hirshleifer et al., 2012）、王山慧等（2013）研究发现，管理者过度自信显著提升了企业研发投入。何瑛等（2019）通过构建职业经历丰富度指数考察了 CEO 职业经历与企业创新之间的关系，认为 CEO 的职业经历丰富度越高，企业创新水平越高。叶康涛等（2021）利用主成分分析法构建决策者经历多样性综合指数，指出决策者经历多样性与企业创新绩效显著正相关。黄庆华等（2017）研究发现，CEO两职合一显著提高了企业研发投入和产出，提升了企业的研发效率。郎香香和尤丹丹（2021）研究发现，管理者从军经历与企业研发投入正相关，该促进作用在竞争激烈行业、无政治关联企业、非国有企业和从军经历管理者是创始人的企业中更加显著。李亚飞等（2022）研究发现，技术型企业家通过提高企业的创新补贴强度和研发投入强度显著促进了创新产出。虞义华等（2018）指出，发明家高管显著促进了企业创新水平，具体表现为企业的创新投入、创新产出和创新效率的提升。张正勇和胡言言（2021）认为，海归技术高管促进了企业创新，并且海归技术高管对企业突破性创新激励效应更强。相反，一些学者认为，管理层特征抑制了企业创新活动。例如，杨等（Yang et al., 2018）探讨了具有财务经历的 CEO 对企业创新活动的影响，发现具有财务经历的 CEO 所在企业的创新活动更少。

3.2.3　企业并购投资的影响因素

兼并收购是企业外延式扩张的关键手段，在优化资源配置、实现转型升级、扩大市场份额、提升企业价值等方面具有重要作用。因此，学者们对于企业并购影响因素的关注度日益增加，并进行了大量的研究。本书主要从外部制度环境和内部公司治理两个视角对现有文献进行梳理和总结。

3.2.3.1　外部制度环境

学术界关于外部制度环境如何影响企业并购的探讨，主要从宏观政策环境（高敬忠等 2021；逯东和宋昕倍，2022；李彬和潘爱玲 2015；Gormley and Masta，2015）、政府干预（潘红波等，2008；方军雄，2008；郝颖和刘星，2011；王凤荣和高飞，2012）、非正式制度（杨继彬等，2021；袁媛等，2022；李路等，2018；李诗等，2022）等方面进行了展开。

在宏观政策环境方面，学者们主要探讨了经济政策、产业政策、税收政策等对企业并购活动的影响。在经济政策方面，阮和潘（Nguyen and Phan，2017）、博纳穆尔等（Bonaime et al.，2018）、黄灿等（2020）研究发现，经济政策不确定性上升对企业并购具有抑制作用。高敬忠等（2021）研究指出，经济政策不确定性越强，并购方支付越高的并购溢价，并且当被并购方受产业政策扶持时，并购方会支付更高的并购溢价。蒋墨冰等（2021）从海外并购时机视角探讨了经济政策不确定性的后果，结果显示，经济政策不确定性上升会延后企业最优并购时机的选择，而产业政策会有效减缓上述影响。在产业政策方面，逯东和宋昕倍（2022）研究发现，产业政策不仅会提高外部资本和上市公司一起设立并购基金的概率，而且会提高外部资本在并购基金中的投资比例。凯恩等（Cain et al.，2017）研究指出，反收购法案对减少敌意并购没有明显效果，但公平定价法案有助于降低敌意并购。葛姆雷和马斯塔（Gormley and Masta，2015）实证检验了反收购法案的实施效果，发现管理层会通过实施更多的多元化并购交易来降低风险。钟宁桦等（2019）探讨了"五年计划"产业政策对企业海外并购的影响，发现受"五年计划"产业政策支持的企业支付的并购溢价更高，并购交易完成概率更低。蔡庆丰和田霖（2019）指出，并购方更可能对受到产业政策扶持的被并购方实施跨行业并购交易，并且该结论在并购方没有受到产业政策扶持时会更加明显。在税收政策方面，尹磊（2021）考察了并购重组企业所得税政策的实施效果，发现并购重组企业所得税政策显著促进了企业实施并购重组，并且该促进效应在民营企业中更加显著。李彬和潘爱玲（2015）研究指出，区域性税收优惠显著促进了企业跨区域并购，但并未明显提升企业价值；行业性税收优惠没有促进企业跨行业并购，但有助于提升企业价值。

在政府干预方面，在我国特殊制度背景下，政府干预也是影响企业并购的关键因素之一（潘红波等，2008；方军雄，2008；郝颖和刘星，2011；王凤荣和高飞，2012）。潘红波等（2008）研究发现，地方政府会干预当地企业进行并购决策，主要原因有两点：一是地方政府需承担促进就业、维护社会稳定等责任；二是地方政府官员有政治晋升的预期。进一步分析表明，政府干预对受地方政府控制的盈利上市公司的并购绩效具有负面作用，而受地方政府控制的亏损上市公司的并购绩效具有正面作用。方军雄（2008）考察了政府干预与企业并购活动之间的关系，发现受中央政府控制的企业能够实施跨地区的并购交易，受地方政府控制的企业更容易实现"拉郎配"式并购交易和效率低下的多元化并购交易，为证明我国存在市场分割提供了经验证据。郝颖和刘星（2011）认为，在政府干预越强的地区，地方政府越有动机干预国有企业增加股权并购活动，拓展性分析表明，受地方企业集团控制的公司股权并购随着政府干预程度增加而迅猛增长。王凤荣和高飞（2012）研究发现，政府干预对于处在成熟期的地方国有企业的并购绩效具有正面影响，但是，政府干预对于处在成长期的地方国有企业的并购绩效具有负面影响。汪炜和陆帅（2015）探讨了政府控制和企业多元化并购与专业化并购之间的关系，发现受政府控制的企业更容易实施专业化并购，不受政府控制的企业更容易实施多元化并购，拓展性分析表明，政府会让受到负向行业冲击的企业负担较少的政治成本，而让受到正向行业冲击的企业负担较多的政治成本。

在非正式制度方面，社会信任和文化等非正式制度能够成为正式制度的补充，弥补正式制度的不足，对企业并购产生重要影响（王艳和李善民，2017；王陈豪等，2020；Weber and Drori，2011）。杨继彬等（2021）从异地并购视角考察了省际双边信任对资本跨区域流动的影响，发现主并企业所在地对目标企业所在地的信任程度以及目标企业所在地对主并企业所在地的信任程度都能显著促进企业异地并购的规模和频率。袁媛等（2022）研究指出，地区宗族文化越重，企业越愿意实施并购活动，并且该促进作用在社会信任水平较高的地区中更加明显。李路等（2018）利用方言距离来表征文化差异，探讨了主并企业和目标企业的方言差异对主并企业并购活动的影响，结果发现，主并企业和目标企业之间的方言差异与主并企业的并购绩效之间呈显著负相关关系，并且该效应在信息不对称程度更高和非正式制度发挥互补作用时更加明显。李诗等（2022）考察了家族主义文化与企业并购之间的关系，发现实际控制人的家族主义文化越浓厚，企业实施并购活动的规模越小，进一步研究表明，家族主义文化的形成并不是受到外部环境的影响，而是家族内部的熏陶。

3.2.3.2　内部公司治理

学术界关于内部公司治理如何影响企业创新的探讨，主要围绕股权结构（李善民和周小春，2007；潘红波和余明桂，2011；倪静和王成方，2010；姜付秀等，2008）、董事会治理（万良勇和胡璟，2014；刘春等，2015；万良勇和郑小玲，2014；陈仕华等，2013）、高管激励（陈仕华等，2015；张鸣和郭思永，2007；陈效东和周嘉南，2016；王姝勋和董艳，2020）、管理层特征（赖黎等，2017；应千伟和何思怡，2021；杨林和杨倩，2012；王海军等，2021）等方面进行了展开。

在股权结构方面，股权结构是公司治理结构的基础，主要包括股权性质和股权集中度两个维度。在股权性质方面，李善民和周小春（2007）研究发现，由于国有企业所处行业一般为进入壁垒较高的行业，通常不会失掉政府资源优势，因此，国有企业更愿意实施相关并购，而不是多元化并购。潘红波和余明桂（2011）研究指出，由于国有企业与地方政府存在密切关系，因此，地方国有企业实施异地并购活动的可能性明显低于民营企业，从而验证了政府支持的观点。倪静和王成方（2010）探究了所有权性质对企业并购决策的影响，发现相较于国有企业，非国有企业实施并购活动的概率、次数和规模更高，并且该结论在市场化程度高的地区更加明显。汪波等（2013）利用钢铁行业上市公司的数据，发现国有企业更有可能作出并购决策，且更青睐同省并购的方式。部分学者还研究了所有权性质与企业海外并购之间的关系。例如，俞萍萍和赵永亮（2015）认为，由于国有企业具有更多的资金和强大的风险承担能力，国有企业实施海外并购的概率更高。杨波等（2016）研究发现，企业所有制性质对企业海外并购成功率具有明显的抑制作用，并且相较于非国有企业，国有企业的海外并购成功率更低。在股权集中度方面，姜付秀等（2008）研究发现，股权集中度与企业并购之间存在显著的正相关关系。李佳（2016）探讨了股权集中度在管理层过度自信和企业并购之间的调节作用，结果发现，在股权集中度较低的企业中，管理层过度自信对企业并购的激励效应更加突出。徐妙妙等（2015）研究指出，股权集中度越低，公司被兼并收购的可能性越大。

在董事会治理方面，董事会作为一种治理机制，对企业并购具有重要影响（Malenko，2014；刘春等，2015；李路等，2018；陈仕华等，2013），学术界对董事会治理和企业并购之间关系的研究主要是从独立董事、董事网络、董事会特质等视角展开的（Huang et al.，2014；晏国菀和谢光华，2017；曹廷求等，2013）。在独立董事方面，刘春等（2015）指出，当被并购方所在地的独立董事在并购方董事会任职时，并购方异地并购的效率会更高，且该提升作用在被并购方所在地的地方保护主义程度严重时更加突出。除此之外，还有部分学者研究了独立董事特征与企业并购活动之间的关系。孙甲奎和肖星（2019）认为，具有投行经历的独立董事与公司的并购活动之间没有明显的关系。也就是说，具有投行经历的独立董事不会增加企业实施并购决策的可能性，但在并购过程中，独立董事的投行经历会提高主并方的企业价值。万良勇和胡璟（2014）研究发现，网络中心度高的独立董事有助于上市公司实施并购决策，且该促进作用在正式制度环境差的地区中更加突出。李路等（2018）研究发现，主并企业和被并企业之间的方言差异会降低企业并购绩效，而具有被并企业方言的独立董事能缓解这种影响，说明独立董事发挥了咨询作用。此外，在董事网络方面，万良勇和郑小玲（2014）考察了董事网络的结构洞特征与公司并购决策之间的关系，发现公司拥有结构洞越丰富，公司收集并购信息的速度越快，公司越倾向于实施并购活动。陈仕华等（2013）从信息不对称视角研究了董事联结关系对被并企业选择的影响，发现与主并企业存在董事联结关系的企业更可能成为被并企业，且该影响在主并企业所在地和被并企业所在地不同时更加明显。在董事会特质方面，李维安等（2014）研究发现，董事会异质性与企业跨国并购之间没有显著的相关关系，而董事会断裂带显著抑制了企业跨国并购。李姝和柴明洋（2017）研究了董事会集权决策与企业并购活动之间的关系，指出董事会集权决策导致了收购方并购效率的降低，加大了商誉减值的可能性和金额。

在高管激励方面，薪酬激励、股权激励对企业并购均具有重要影响（Shleifer and Vishny，1989；Grinstein and Hribar，2004；刘娥平和关静怡，2022；赵妍和赵立彬，2018）。首先，在薪酬激励方面，潘爱玲等（2021）研究指出，高管薪酬外部不公平性越高，企业在并购过程中支付的溢价水平越高，且该影响在声誉低的企业和高管任期长的企业中更加显著。张鸣和郭思永（2007）、李小燕和陶军（2011）研究发现，管理层会通过实施并购活动来提升自己的薪酬水平。罗宏和秦际栋（2020）研究指出，高管薪酬攀比与企业并购之间存在显著的正相关关系，即高管薪酬攀比越严重，企业实施并购活动的可能性越高，并购金额越大。其次，在股权激励方面，王姝勋和董艳（2020）研究发现，对高管授予期权激励显著提升了企业并购概率和并购金额，且该促进作用在非国有企业中更加明显，拓展性分析表明，提高公司风险承担水平和缓解公司委托代理问题是潜在的影响机制。潘星宇和沈艺峰（2021）认为，在企业实施股权激励时，管理层会频繁实施并购决策影响当期利润，使企业业绩表现突出；在企业完成股权激励后，管理层不再通过并购决策操纵当期利润，使企业业绩大幅下降。陈效东和周嘉南（2016）将股权激励分为福利型股权激励和赎买型股权激励，探讨了实施福利型股权激励企业和实施赎买型股权激励企业投资方式的差异，发现前者更青睐内部投资方式，后者更愿意实施外部并购决策。

在管理层特征方面，企业管理层是企业战略决策的主要制定者和执行者，因此，管理层特征也是企业并购行为的重要影响因素（Huang and Kisgen，2013；Bernile et al.，2017；Giannetti et al.，2015；应千伟和何思怡，2021；周中胜等，2020），管理层特征如何影响企业并购，引起了学术界的广泛关注。杨林和杨倩（2012）研究发现，高管团队平均任期和年龄与企业并购概率之间存在显著的负相关关系，高管团队男性比例与企业并购概率之间存在显著的正相关关系。林润辉等（2019）考察了高管团队背景特征与跨国并购模式之间的关系，发现高管团队年龄越大、国际化经验水平越低，企业越愿意选择非控股并购模式。罗尔（Roll，1986）研究发现，具有过度自信特质的管理层实施了更多的并购活动，支付了更高的并购溢价，获得了更低的并购绩效。马尔门迪尔和泰特（Malmendier and Tate，2008）的研究也得出了类似的结果，认为过度自信 CEO 所在的公司并购行为会更多，并购绩效会更差。费里斯等（Ferris et al.，2013）研究指出，具有过度自信特质的 CEO 更青睐实施海外并购和多元化并购，并且更倾向将现金作为支付并购对价的方式。余鹏翼等（2020）研究发现，CEO 年龄与企业并购之间呈现倒"U"型关系，即在到达年龄拐点之前，企业并购倾向随着 CEO 年龄的增加而增强，在到达年龄拐点之后，企业并购倾向随着 CEO 年龄的增加而减弱。詹特尔和卢埃林（Jenter and Lewellen，2015）研究指出，被收购方的 CEO 临近退休时，企业被并购的概率更大。

此外，还有部分学者发现，管理层曾经的经历对企业并购也具有重要影响。例如，自然灾害经历、从军经历、从政经历、知青经历、海外经历等。伯尼尔等（Bernile et al.，2017）研究指出，具有自然灾害经历的管理层会实施更多的并购活动，并且并购后的市场反应会更差。赖黎等（2017）认为，具有从军经历的高管更青睐激进的决策方式，促使企业实施并购活动，进而提高企业的并购风险和并购绩效。曾宪聚等（2020）的研究也证实了这一观点，发现具有从军经历的高管会在企业实施并购过程中支付更高的溢价。王海军等（2021）研究发现，管理者从政经历对国有企业海外并购没有显著影响。拓展性分析表明，相较于没有中央政府、地方政府工作经历的国有企业高管，具有中央政府、地方政府工作经历的国有企业高管更愿意实施海外并购活动；相较于没有政府监管、政府财经和公检法等部门工作经历的国有企业高管，具有政府监管、政府财经和公检法等部门工作经历的国有企业高管更不愿意进行海外并购。曾春影等（2019）研究认为，CEO 的知青经历，增加了 CEO 过度自信程度，使企业在并购过程中支付更高的溢价。杨娜等（2019）研究指出，高管的海外经历可以减少企业在后续海外并购过程中的等待时间。

3.3 文献评述

第一，现有大多数探讨容错纠错机制的文献主要采用规范研究方法（吴传俭等，2017；马轶群和王文仙，2018；辜胜阻和庄芹芹，2016；万庄，2018；姜晓萍和吴宝家，2021；徐伟等，2017；于凡修，2021），但鲜有文献采用定量方法研究容错纠错机制的经济后果（叶永卫等，2021；赵玲和黄昊，2022；杨天宇和朱光，2022）。因此，本书试图将国有企业投资行为置于中国情景，采用实证研究方法从国有企业内部、外部投资行为视角系统探讨容错纠错机制的实施对国有企业投资行为的影响，有利于进一步理解容错纠错机制的理论价值和实践意义。

第二，现有大多数文献侧重于考察外部制度环境（刘贯春等，2020；Zheng et al.，2018；Gormley and Matsa，2015；Aghion et al.，2005；方军雄，2008；袁媛等，2022）和内部公司治理（杨兴全和曾义，2014；冯根福等，2021；许罡等，2014；姜付秀等，2008；刘万丽，2020）等方面对企业投资行为的影响，鲜有文献考察容错纠错机制的实施对国有企业投资行为的影响（叶永卫等，2021；赵玲和黄昊，2022；杨天宇和朱光，2022）。因此，本书试图考察容错纠错机制的实施对国有企业产生的经济效应，有助于进一步理解外部制度环境对国有企业投资行为的影响及其作用路径。

第三，现有容错纠错机制影响企业投资行为的研究，学者们只是从创新投资的视角考察了容错纠错机制的实施对国有企业的积极影响（叶永卫等，2021；赵玲和黄昊，2022；杨天宇和朱光，2022），忽略了容错纠错机制的实施对国有企业固定资产投资和国有企业并购投资的影响及其作用机制。因此，本书不仅试图考察容错纠错机制的实施对追求高发展质量的创新投资的影响，而且尝试探讨容错纠错机制的实施对扩大再生产的固定资产投资和提高规模经济的并购投资的影响，有助于进一步系统理解容错纠错机制的实施对国有企业投资行为的作用路径和影响机制。

第4章

容错纠错机制与国有企业固定资产投资

4.1 问题提出

随着我国经济发展迈入了新常态，国有企业改革步入深水区，面对日益完善的业绩考核体系与严格的违规经营投资问责制度，国有企业管理层产生了"少干避祸"的消极情绪，此时，进一步发挥国有企业管理层的主动性与创造性就显得尤为重要。2016 年，政府工作报告明确提出，"健全激励机制和容错纠错机制"。自此之后，我国政府逐渐推动容错纠错机制在中央企业和地方国有企业落地见效，为国有企业高管锐意改革、敢于担当营造了容错环境并形成了有效纠错程序，从而解决了国有企业高管的后顾之忧，监督和约束了国有企业高管为自身谋取私利的权力。

作为企业内部投资行为之一，企业固定资产投资决策就是选择有效的投资项目，促进资金的合理配置，从而实现企业价值最大化的目标。目前，学者们已从外部制度环境和内部公司治理视角对影响企业固定资产投资的因素展开了讨论。在外部制度环境方面，学者们主要研究了宏观政策环境（刘贯春等，2020；付文林和赵永辉，2014）、法制环境（赵仁杰和张家凯，2022；苗妙等，2016）、政府干预（郝颖和刘星，2011；赵静和郝颖，2013）等对企业固定资产投资的影响。在内部公司治理方面，学者们主要探讨了股权结构（郝颖和刘星，2011；潘越等，2020；郝颖，2012）、董事会治理（马连福和高塬，2020；刘亚伟和张兆国，2016；潘越等，2020）等对企业固定资产投资的影响。但是，鲜有学者从外部制度环境角度考察容错纠错机制与国有企业固定资产投资之间的关系。因此，本章主要探究以下问题：第一，容错纠错机制的实施是否会对国有企业固定资产投资产生影响？第二，容错纠错机制的实施对国有企业固定资产投资的影响机制是什么？第三，外部制度环境和内部公司治理的差异会如何影响容错纠错机制与国有企业固定资产投资之间的关系？第四，容错纠错机制的实施对不同层级国有企业的固定资产投资均有影响吗？容错纠错机制的实施对国有企业的投资效率和国有企业固定资产投资后绩效有影响吗？

基于此，本章以 2010~2021 年我国 A 股国有上市公司作为研究样本，探讨了容错纠错机制的实施对国有企业固定资产投资的影响及其作用机制。结果显示：首先，容错纠错机制的实施显著促进了国有企业的固定资产投资；其次，在行业竞争程度较低、地区法治环境较差、高管晋升激励较强和高管任期较短的分组中，容错纠错机制的实施对国有企业固定资产投资的促进作用更加明显；再次，容错纠错机制的实施通过公司治理机制和风险承担机制促进国有企业固定资产投资水平的提升；最后，容错纠错机制的实施促进了不同层级国有企业的固定资产投资行为，并且提升了国有企业投资效率和国有企业固定资产投资后的市场价值。

本章可能的研究贡献如下：第一，丰富了容错纠错机制经济后果的相关研究。现有关于容错纠错机制的文献，主要集中在规范研究层面的探讨（吴传俭等，2017；马轶群和王文仙，2018；辜胜阻和庄芹芹，2016；万庄，2018；姜晓萍和吴宝家，2021；徐伟等，2017；于凡修，2021），本章从定量视角出发，实证检验了容错纠错机制的实施效果，有助于较为全面地理解容错纠错机制给国有企业带来的经济效应。第二，拓展了企业固定资产投资影响因素的相关研究。现有文献主要研究了外部制度环境（刘贯春等，2020；苗妙等，2016；郝颖和刘星，2011）和内部公司治理（刘亚伟和张兆国，2016；潘越等，2020）对企业固定资产投资的影响，本章则创新性地研究了容错纠错机制的实施对国有企业固定资产投资的影响。第三，厘清了容错纠错机制对国有企业固定资产投资的作用路径。本章立足于政府实施容错纠错机制这一制度背景，研究发现，容错纠错机制通过提高公司风险承担水平和降低代理成本促进了国有企业固定资产投资，从而证实了风险容忍理论（Manso，2011；Tian and Wang，2014；Ederer and Manson，2013；徐伟等，2017），丰富了委托代理理论（Jensen and Meckling，1976；Jensen，1986）。

4.2 理论分析与研究假设

长期以来，投资对于拉动中国经济的增长发挥着关键的作用。国有企业的投资活动是促进国有企业做大做强的途径之一，更是推动我国经济增长的核心动力。随着经济步入新常态，投资能否持续稳定增长直接关系到我国国民经济运行的可持续性和稳定性，但数据表明我国企业投资增长率呈现出较为明显的下滑（王宇伟等，2019），如何有效提高我国企业的投资水平成为一个非常重要的问题。已有研究表明，经济政策不确定性（张成思和刘贯春，2018；刘贯春等，2019）、固定资产加速折旧政策（刘啟仁等，2019）、货币政策（赵静和陈晓，2016）、法治环境（苗妙等，2016）、政府干预（郝颖和刘星，2011；赵静和郝颖，2013）等外部制度环境对企业固定资产投资具有显著的影响，但是，鲜有文献从"宏观政策—微观企业"视角考察容错纠错机制的实施对企业固定资产投资的影响。

部分研究表明，国有企业风险承担水平较低（陈运森等，2022；李文贵和余明桂，2012）。一方面，国有企业管理层承担的风险和获得的收益是不对等的，管理层承担高风险获得的高收益由股东所有，但管理层要承受风险乃至失败导致的严重后果（陈运森等，2022）。因此，国有企业管理层不愿承担较高的风险和实施较高风险的投资活动。另一方面，国有企业管理层的行政任命以及严格的薪酬管制，使其获得较低的收益份额（陈冬华等，2005；李文贵和余明桂，2012），加重国有企业高管对风险与收益不对等的担忧，从而降低国有企业高管承担风险的意愿。固定资产投资作为企业的重要战略决策之一，具有资金占用量较大、项目期限较长、不可逆等特点（卢闯等，2015），尤其在政策频繁调整的时候，固定资产投资的风险会进一步提高，进而削弱国有企业管理层投资的意图和信心（刘贯春等，2019）。罗知等（2015）研究发现，相较于非国有企业，国有企业管理层受到牵制和约束较大，对企业的控制能力较弱，因此，国有企业管理层在进行投资决策时，更青睐风险较低的投资项目，从而导致国有企业长期投资水平低于非国有企业。

杜勇等（2017）研究指出，由于国有企业存在过多的委托代理层次，因此，国有企业的代理问题更加严重，国有企业管理层更可能迫于短期业绩的压力放弃购置和建造固定资产、进行创新投资、实施并购决策等长期性投资活动。固定资产投资作为投资领域中最常见的形态之一，也会带来项目重复建设、盲目投资等问题，在一定程度上增加了国有企业管理层被问责的可能性，从而削弱国有企业管理层进行固定资产投资的意愿。

为此，2016 年政府工作报告强调"健全激励机制和容错纠错机制"，宽容改革者在摸索性实践中出现的偏差和失误，让改革者愿干事、敢干事、能干成事。自此之后，我国各级政府陆续颁布容错纠错机制实施办法，并明确指出对企业投资容错的相关规定。例如，《泸州市属国有企业经营投资容错免责试行办法》明确规定，国有企业在工程承包建设、固定资产投资等常规性经营投资过程中，虽然造成了不良后果或者经济损失，但同时满足严格遵守国家规定、执行了民主决策程序、履行了勤勉尽责义务、不存在以权谋私等条件，原则上可以免责。又如，《陕西省省属国有企业领导人员容错纠错办法（试行）》明确指出，在推进重大投资项目建设过程中，虽然履行了严格的审批程序，但因不可预见的不确定性出现的损失，可以对国有企业负责人进行容错。这些有关容错纠错机制的规定为国有企业高管的固定资产投资决策提供了制度性保障，提高了国有企业高管对固定资产投资风险的容忍度，降低了国有企业高管被问责的可能性，从而激励了国有企业高管进行固定资产投资活动。

　　同时，实施容错纠错机制，不是无底线、无条件的容错，而是要必须坚持容纠并举、有错必纠的原则。例如，《泸州市属国有企业经营投资容错免责试行办法》明确指出，在同时满足严格遵守国家规定、执行了民主决策程序、履行了勤勉尽责义务、不存在以权谋私等条件的情况下，原则上可以对国有企业管理层进行免责。也就是说，"履行了勤勉尽责义务、不存在以权谋私"是开展容错纠错的关键要素，根据该要素将纠错工作流程纳入对国有企业管理层行为的平时审查中，强化了对国有企业管理层权力运行的日常监督，一定程度上约束了国有企业管理层的谋取私利行为，有利于提高公司的治理水平，从而促进国有企业高质量投资活动。因此，本章提出假设：

　　H4-1：容错纠错机制的实施有利于促进国有企业固定资产投资。

4.3　研究设计

4.3.1　样本选取与数据来源

　　为了探究容错纠错机制的实施与国有企业固定资产投资之间的关系，本章将样本期间选为2010～2021年，并以我国 A 股国有上市公司作为初始样本。第一，本章从 CSMAR 数据库中下载股权性质文件并对其进行分析，筛选出该文件中的全部国有企业，并将国有企业进一步划分为中央国有企业、省属国有企业以及市属国有企业三个类别。第二，在区分国有企业类别的基础上，结合国有企业实际控制人的名字，进一步判断省属国有企业和市属国有企业的最终隶属情况。第三，根据中央、省（自治区、直辖市）以及地级市容错纠错机制的实施情况，从而确定本书的实验组和控制组。第四，对原始样本进行了如下筛选：删除 ST、*ST、PT 国有企业样本；删除金融类国有企业样本；删除资产负债率大于1的国有企业样本；删除数据异常和数据缺失的企业样本。第五，为控制异常值对研究结论的影响，对所有的连续变量实施了上下1%的缩尾处理。

容错纠错机制的数据主要通过以下方式进行收集：一方面，在国资委等政府官方网站以"容错""纠错""容错纠错"为关键词进行搜索，收集并阅读容错纠错机制的相关政策文件，确认适用对象为国有企业，进而确定中央、省（自治区、直辖市）以及地级市是否实施容错纠错机制以及实施年份；另一方面，若在国资委等政府官方网站未能搜索到相关信息，则通过北大法宝数据库以及百度等搜索引擎予以收集，进一步确认适用对象为国有企业，从而确定中央、省（自治区、直辖市）以及地级市是否实施容错纠错机制以及实施年份。在获得容错纠错机制的相关数据之后，结合上述对国有企业隶属情况的分类，最终确定本书的实验组和控制组。本书进一步通过举例加以说明，中央纪委驻国资委纪检组于 2016 年颁布了《关于中央企业纪检工作贯彻落实习近平总书记"三个区分开来"重要思想的指导意见》，陕西省于 2016 年出台了《陕西省省属国有企业领导人员容错纠错办法（试行)》，从而分别确定了中央企业、陕西省省属国有企业受到政府容错纠错机制影响的时间。固定资产投资数据来源于国泰安（CSMAR）数据库，其他财务数据来源于国泰安（CSMAR）数据库和 CNRDS 数据库。

4.3.2　变量定义

4.3.2.1　被解释变量

借鉴谭语嫣等（2017）、马海涛和朱梦珂（2021）的相关研究，本章使用企业固定资产取对数后的差值衡量固定资产投资（*PPE*）。同时，为了保证回归结果的可靠性，借鉴申广军等（2016）、刘啟仁等（2019）的相关做法，在本章稳健性检验部分还使用企业当年新增固定资产与年初固定资产的比值衡量固定资产投资来进行稳健性测试。

4.3.2.2　解释变量

现有关于容错纠错机制的定量研究较少，容错纠错机制变量主要使用国有企业自身层面是否制定容错纠错机制办法来衡量（叶永卫等，2021；赵玲和黄昊，2022）。参考张训常等（2021）、辛宇等（2022）的相关研究，本章创新性地使用国有上市公司实际控制人所在地区是否出台容错纠错机制办法来衡量容错纠错机制。解释变量（FEM）表示容错纠错机制实施前后的虚拟变量，当国有上市公司实际控制人所在地区第 t 年实施容错纠错机制后，赋值为1，否则为0；其中，中央国有企业适用中央容错纠错机制的出台时间，省属国有企业适用省级容错纠错机制的出台时间，市属国有企业适用市级容错纠错机制的出台时间。

4.3.2.3 控制变量

借鉴以往相关文献（刘亚伟和张兆国，2016；倪婷婷和王跃堂，2016；潘越等，2020；张超和刘星，2015），本章还选用一些影响国有企业固定资产投资的因素作为控制变量，具体包括无形资产占比（*Intan*）、自由现金流量（*NCF*）、总资产周转率（*AT*）、企业价值（*TobinQ*）、资产负债率（*Lev*）、流动比率（*Current*）、成长能力（*Growth*）、管理层持股比例（*Share*）、股权制衡度（*Balance*）、董事会规模（*Board*）、企业规模（*Size*）等。同时，本章还设置了年份虚拟变量（*Year*）和行业虚拟变量（*Industry*），来控制年份和行业差异性对国有企业固定资产投资的影响。具体如表 4 - 1 所示。

表 4 - 1		变量定义
变量描述	变量符号	变量界定
固定资产投资	*PPE*	企业固定资产取对数后的差值
容错纠错机制	*FEM*	国有上市公司实际控制人所在地区第 t 年实施容错纠错机制后，赋值为1，否则为0
无形资产占比	*Intan*	无形资产/总资产
自由现金流量	*NCF*	（息前税后利润 + 折旧与摊销 - 营运资本增加 - 资本支出）/期初总资产
企业规模	*Size*	期末总资产取对数
总资产周转率	*AT*	营业收入/总资产

变量描述	变量符号	变量界定
企业价值	TobinQ	（每股价格×流通股份数＋每股净资产×非流通股份数＋负债账面价值）／总资产
流动比率	Current	流动资产/流动负债
成长能力	Growth	营业收入增长量/上期营业收入
资产负债率	Lev	总负债与总资产的比值
管理层持股比例	Share	管理层持股数量/公司总股数
股权制衡度	Balance	第二至第十大股东持股比例之和/第一大股东持股比例
董事会规模	Board	董事会人数取自然对数

4.3.3　模型设定

容错纠错机制经历了中央到地方的分阶段、分地区逐步实施的过程，这一特点使得容错纠错机制冲击具有外生性的"准自然实验"性质。借鉴贝克等（Beck et al.，2010）、李等（Li et al.，2016）、张训常等（2021）的相关研究，本章利用政府交错实施容错纠错机制设计"准自然实验"，考察容错纠错机制的实施与国有企业固定资产投资之间的关系。实证模型（4－1）构建如下：

$$PPE_{i,t} = \beta_0 + \beta_1 FEM_{i,t} + Controls_{i,t} + Year + Industry + \varepsilon_{i,t} \quad (4-1)$$

其中，PPE 指代国有企业固定资产投资；FEM 指代容错纠错机制；Controls 指代一系列的控制变量，包括无形资产占比（Intan）、自由现金流量（NCF）、总资产周转率（AT）、企业价值（TobinQ）、资产负债率（Lev）、流动比率（Current）、成长能力（Growth）、管理层持股比例（Share）、股权制衡度（Balance）、董事会规模（Board）、企业规模（Size）等；Year 表示年份固定效应，用于控制影响国有企业固定资产投资的宏观经济因素；Industry 表示行业固定效应，用于控制不随时间变化的行业固有特征。在实证模型中，本章重点关注估计回归系数 β_1，若 β_1 显著大于 0，则意味着容错纠错机制的实施对国有企业的固定资产投资具有显著的激励作用。

4.4 实证结果分析

4.4.1 描述性统计

本章实证研究主要变量的描述性统计情况如表 4 - 2 所示。国有企业固定资产投资（PPE）的均值为 0.115，标准差为 0.308，说明不同国有企业间的固定资产投资水平之间存在一定差距。容错纠错机制（FEM）的均值为 0.339，标准差为 0.473，表明受到容错纠错机制影响的国有企业占比为 33.9%。同时，表 4 - 2 还列示了其他相关变量的描述性统计情况，均在合理范围内，意味着在对所有连续变量进行缩尾处理后，已不受异常值的严重影响。

表 4 - 2 描述性统计

变量	观测值	均值	标准差	最小值	中位数	最大值
PPE	10112	0.115	0.308	-1.371	0.053	1.625
FEM	10112	0.339	0.473	0.000	0.000	1.000
Size	10112	22.724	1.413	18.972	22.577	26.738
Lev	10112	0.513	0.203	0.053	0.523	0.936
Intan	10112	0.050	0.059	0.000	0.033	0.307
NCF	10112	-0.003	0.135	-0.845	0.016	0.402
AT	10112	0.655	0.478	0.025	0.541	2.577
TobinQ	10112	1.820	1.210	0.560	1.417	8.871
Current	10112	1.714	1.691	0.214	1.297	16.447
Growth	10112	0.159	0.452	-0.668	0.089	3.196
Share	10112	0.547	2.782	0.000	0.001	57.584
Balance	10112	0.641	0.624	0.029	0.428	3.999
Board	10112	2.295	0.285	1.386	2.303	2.944

4.4.2　多元回归分析

为探讨容错纠错机制的实施对国有企业固定资产投资水平的影响，本章采用实证模型（4－1）进行了多元回归分析，实证结果如表4－3所示。第（1）列和第（2）列分别列示了依次加入年份固定效应和行业固定效应的实证检验结果。第（1）列和第（2）列容错纠错机制（FEM）的回归系数均在1%的水平上显著为正，这两列的实证结果意味着容错纠错机制的实施对国有企业固定资产投资具有显著的激励效应，从而验证了本章的研究假设。

表4－3　　容错纠错机制对国有企业固定资产投资的回归结果

变量	(1)	(2)
	PPE	PPE
FEM	0.044 ***	0.034 ***
	(3.44)	(2.72)
Size	0.055 ***	0.053 ***
	(6.33)	(7.46)
Lev	－0.148 ***	－0.112 ***
	(－4.13)	(－3.56)
Intan	－0.041	0.048
	(－0.64)	(0.74)
NCF	0.184 ***	0.190 ***
	(4.62)	(4.78)
AT	－0.030 ***	－0.048 ***
	(－2.83)	(－4.50)
TobinQ	－0.000	－0.005
	(－0.01)	(－1.11)
Current	－0.011 ***	－0.008 ***
	(－3.40)	(－2.62)
Growth	0.199 ***	0.203 ***
	(13.00)	(13.21)

续表

变量	(1)	(2)
	PPE	PPE
Share	0.007 ***	0.006 ***
	(4.26)	(3.70)
Balance	0.017 **	0.015 **
	(2.46)	(2.33)
Board	0.009	-0.003
	(0.59)	(-0.20)
年份效应	控制	控制
行业效应	未控制	控制
常数项	-1.075 ***	-1.007 ***
	(-5.67)	(-6.67)
样本量	10112	10112
调整后 R^2	0.157	0.192

注：①在公司层面进行聚类，并经过稳健的标准误调整；②"＊""＊＊"和"＊＊＊"分别表示 10%、5%和1%的显著性水平；③括号内报告值是 T 统计量。

4.4.3 异质性分析

容错纠错机制的实施与国有企业固定资产投资之间的关系会受到内外部治理因素的影响，因此，本章进一步从行业竞争程度、地区法治环境、高管晋升激励和高管任期等视角探讨了在不同的内外部治理因素的影响下，容错纠错机制的实施对国有企业固定资产投资的影响差异。

4.4.3.1 行业竞争程度

现有研究表明，作为公司外部治理机制和市场竞争机制，产品市场竞争通过破产清算威胁效应和竞争信息比较效应发挥其外在的监督和约束作用，显著降低了代理成本（邢立全和陈汉文，2013；Nalebuff and Stiglitz，1983；Hart，1983），从而促使企业进行投资决策（何玉润等，2015；徐虹等，

2015）。因此，当企业所处的行业竞争激烈时，外部竞争压力使股东和管理层更加规范和约束自己的行为，企业在生产经营过程中面临的委托代理问题相对较轻，代理成本较低；而当企业所处的行业竞争缓和时，由于其垄断性较强，企业在生产经营过程中面临的委托代理问题相对较重，代理成本较高。此时，如果容错纠错机制的实施能够发挥公司治理作用，那么，当国有企业所处行业竞争程度低时，容错纠错机制的实施更能够有效缓解委托代理问题，从而促进国有企业固定资产投资。

基于此，本章进一步探讨了不同的行业竞争程度下，容错纠错机制的实施对国有企业固定资产投资的差异性影响。参考徐虹等（2015）、姜付秀等（2009）、韩忠雪和周婷婷（2011）的相关研究，采用赫芬达尔指数衡量行业竞争程度（Competition），即行业内各公司营业收入与行业营业收入比值的平方和。首先，根据行业竞争程度（Competition）的中位数将全部样本划分为行业竞争程度低（Competition = 1）和行业竞争程度高（Competition = 0）的两组样本；其次，对实证模型（4 - 1）进行了分组回归，回归结果如表 4 - 4 所示。实证检验结果表明，在行业竞争程度低（Competition = 1）的样本组中，容错纠错机制（FEM）的回归系数为 0.039，且在 5% 的水平上显著为正，而在行业竞争程度高（Competition = 0）的样本组中，容错纠错机制（FEM）的回归系数为 0.023 且未通过显著性测试，这表明当行业竞争程度低时，容错纠错机制的实施对国有企业固定资产投资的促进作用更加明显，从而在一定程度上证实了容错纠错机制通过有效缓解委托代理问题促进国有企业固定资产投资。

表 4 - 4　　　　　　　　基于行业竞争程度的异质性分析

变量	行业竞争程度低	行业竞争程度高
	PPE	PPE
FEM	0.039 **	0.023
	(2.01)	(1.48)
Size	0.069 ***	0.031 ***
	(5.83)	(7.75)

续表

变量	行业竞争程度低	行业竞争程度高
	PPE	PPE
Lev	−0.082 (−1.55)	−0.132 *** (−4.26)
Intan	0.019 (0.17)	0.082 (1.15)
NCF	0.195 *** (3.26)	0.206 *** (3.88)
AT	−0.032 ** (−2.12)	−0.077 *** (−5.93)
TobinQ	0.010 (1.23)	−0.017 *** (−3.20)
Current	−0.009 ** (−2.08)	−0.008 * (−1.85)
Growth	0.193 *** (9.12)	0.218 *** (9.87)
Share	0.007 ** (2.38)	0.005 ** (2.57)
Balance	0.012 (1.14)	0.018 *** (2.76)
Board	0.003 (0.13)	−0.017 (−1.02)
年份效应	控制	控制
行业效应	控制	控制
常数项	−1.450 *** (−5.79)	−0.405 *** (−4.24)
样本量	5059	5053
调整后 R^2	0.209	0.182

注：①在公司层面进行聚类，并经过稳健的标准误调整；②" * "" ** "和" *** "分别表示10%、5%和1%的显著性水平；③括号内报告值是 T 统计量。

4.4.3.2　地区法治环境

改革开放以来，我国经过几十年的发展，中国特色社会主义法律体系基本形成并日益完善。地区法治环境作为企业营商环境的重要组成部分，对企业的生产经营决策产生积极影响（于文超等，2018）。地理环境和条件的差异、资源禀赋和经济发展水平不平衡、执法部门行政执法力度和效果不同，使得我国不同地区的法制环境良莠不齐（王兰芳等，2019；李延喜等，2015）。现有研究表明，在法制环境较差的地区，法律法规体系和监管机制相对欠缺，行政执法力度相对松弛，难以对股东和管理层的行为进行有效监督，企业在生产经营过程中面临的委托代理问题相对较重，代理成本较高（Bushman et al.，2004）。因此，如果容错纠错机制的实施能够发挥公司治理作用，那么，当企业所处较差地区的法制环境时，容错纠错机制的实施更能够有效缓解委托代理问题，从而促进国有企业固定资产投资行为。

基于此，本章进一步探讨了不同地区的法制环境下，容错纠错机制的实施对国有企业固定资产投资的差异性影响。参考曹越和孙丽（2021）、冯旭南（2012）、王兰芳等（2019）的相关研究，采用市场化指数中的"市场中介组织和法律制度环境"来衡量地区法治环境（$Environment$）。首先，根据地区法治环境（$Environment$）的中位数将全部国有企业样本划分为地区法治环境好（$Environment = 1$）和地区法治环境差（$Environment = 0$）的两组样本；其次，对实证模型（4 - 1）进行了分组回归，回归结果如表 4 - 5 所示。结果显示，在地区法治环境差（$Environment = 0$）的样本组中，容错纠错机制（FEM）的回归系数为 0.036，且在 5% 的水平上显著为正，而在地区法治环境好（$Environment = 1$）的样本组中，容错纠错机制（FEM）的回归系数为 0.030 且未通过显著性测试，这表明地区法治环境越差，容错纠错机制的实施对国有企业固定资产投资的激励效应越强，从而在一定程度上证实了容错纠错机制的实施通过有效缓解委托代理问题促进国有企业的固定资产投资。

表 4 – 5   **基于地区法治环境的异质性分析**

变量	地区法治环境好	地区法治环境差
	PPE	PPE
FEM	0.030	0.036 **
	(1.56)	(2.22)
Size	0.065 ***	0.040 ***
	(6.82)	(6.05)
Lev	− 0.144 ***	− 0.078 **
	(− 2.84)	(− 2.45)
Intan	0.074	0.052
	(0.65)	(0.77)
NCF	0.239 ***	0.169 ***
	(3.42)	(3.48)
AT	− 0.050 ***	− 0.053 ***
	(− 2.99)	(− 4.44)
TobinQ	0.005	− 0.014 **
	(0.75)	(− 2.55)
Current	− 0.007	− 0.009 **
	(− 1.56)	(− 2.29)
Growth	0.180 ***	0.214 ***
	(6.74)	(11.36)
Share	0.005 ***	0.008 ***
	(2.64)	(3.17)
Balance	0.019 **	0.011
	(2.01)	(1.52)
Board	− 0.005	− 0.004
	(− 0.25)	(− 0.22)
年份效应	控制	控制
行业效应	控制	控制
常数项	− 1.281 ***	− 0.711 ***
	(− 5.92)	(− 5.15)

续表

变量	地区法治环境好	地区法治环境差
	PPE	PPE
样本量	4270	5842
调整后 R^2	0.200	0.200

注：①在公司层面进行聚类，并经过稳健的标准误调整；②"＊""＊＊"和"＊＊＊"分别表示10%、5%和1%的显著性水平；③括号内报告值是T统计量。

4.4.3.3　高管晋升激励

本章探讨了不同的高管晋升激励下，容错纠错机制的实施对国有企业固定资产投资的差异性影响。参考杨瑞龙等（2013）、叶永卫等（2021）的相关研究，采用公司拥有博士学位的高管占比衡量高管晋升激励（Promotion）。首先，根据高管晋升激励（Promotion）的中位数将全部样本划分为高管晋升激励强（Promotion = 1）和高管晋升激励弱（Promotion = 0）的两组样本；其次，对实证模型（4 − 1）进行了分组回归，回归结果如表 4 − 6 所示。结果显示，在高管晋升激励强（Promotion = 1）的样本组中，容错纠错机制（FEM）的回归系数为 0.044，且在 5% 的水平上显著为正，而在高管晋升激励弱（Promotion = 0）的样本组中，容错纠错机制（FEM）的回归系数为0.025 且未通过显著性测试，这表明当高管晋升激励强时容错纠错机制对国有企业固定资产投资的促进作用更加明显，从而在一定程度上证实了容错纠错机制通过提高公司风险承担水平促进国有企业固定资产投资。

表 4 − 6　　　　　　　　基于高管晋升激励的异质性分析

变量	高管晋升激励强	高管晋升激励弱
	PPE	PPE
FEM	0.044 **	0.025
	(2.47)	(1.49)
Size	0.063 ***	0.037 ***
	(6.31)	(5.62)

续表

变量	高管晋升激励强	高管晋升激励弱
	PPE	PPE
Lev	−0.157 ***	−0.049 *
	(−2.95)	(−1.71)
Intan	0.044	0.026
	(0.47)	(0.31)
NCF	0.163 ***	0.221 ***
	(2.80)	(4.06)
AT	−0.067 ***	−0.041 ***
	(−4.41)	(−3.34)
TobinQ	−0.003	−0.010 **
	(−0.37)	(−2.05)
Current	−0.012 ***	−0.003
	(−3.13)	(−0.60)
Growth	0.183 ***	0.223 ***
	(8.49)	(10.91)
Share	0.006 ***	0.006 *
	(3.97)	(1.77)
Balance	0.005	0.024 ***
	(0.56)	(3.09)
Board	−0.013	0.001
	(−0.68)	(0.07)
年份效应	控制	控制
行业效应	控制	控制
常数项	−1.211 ***	−0.691 ***
	(−5.69)	(−4.53)
样本量	5238	4874
调整后 R^2	0.226	0.178

注：①在公司层面进行聚类，并经过稳健的标准误调整；②" * "" ** "和" *** "分别表示10%、5%和1%的显著性水平；③括号内报告值是 T 统计量。

4.4.3.4　高管任期

高管是企业生产经营决策的主体，企业投资活动会受到高管个体行为特质和经历的影响（赖黎等，2017；姜付秀等，2009；王姝勋和董艳，2020）。根据高阶理论，公司高管的认知能力和价值观等会在公司的战略决策中得到体现并发挥十分重要的作用（Hambrick and Mason，1984），任职年限作为高管人口学的重要特点之一，代表着高管的个人认知、偏好与信念，从而对企业研发投入、信息披露等产生重大影响（刘运国和刘雯，2007；田祥宇等，2018；许言等，2017）。现有研究表明，相较于任职期限较长的企业高管，任职期限较短的企业高管存在严重的职业生涯担忧，对风险更加厌恶，投资决策更加小心谨慎（Gibbons and Murphy，1992；王姝勋和董艳，2020）。罗知等（2015）研究发现，国有企业管理层任期越短，国有企业管理层越青睐较低风险的投资策略，越不愿意进行长期性投资。固定资产投资具有资金占用量较大、项目期限较长、不可逆等特点，是一项具有一定风险的经济活动（卢闯等，2015）。但是，容错纠错机制可以宽容国有企业高管在投资过程中的失败和挫折，提高了对国有企业高管探索性失误和错误的容忍度，在一定程度上缓解了国有企业高管的职业生涯担忧。因此，如果容错纠错机制能够提高公司风险承担水平，那么，容错纠错机制的实施对国有企业固定资产投资的促进作用在公司高管任期较短时更加突出。

基于此，本章进一步探讨了不同的高管任期下，容错纠错机制的实施对国有企业固定资产投资的差异性影响。参考王姝勋和董艳（2020）、韩静等（2014）的相关研究，采用公司高管平均任期衡量高管任期（$Tenure$）。首先，根据高管任期（$Tenure$）的中位数将全部样本划分为高管任期长（$Tenure=1$）和高管任期短（$Tenure=0$）的两组样本；其次，对容错纠错机制与国有企业固定资产投资之间的关系进行分组回归，回归结果如表 4 - 7 所示。结果显示，在高管任期短（$Tenure=0$）的样本组中，容错纠错机制（FEM）的回归系数为 0.048 且在 1% 的水平上显著为正，而在高管任期长（$Tenure=1$）的样本组中，容错纠错机制（FEM）的回归系数为 0.013，且未通过显著性测试，这表明当高管任期较短时，容错纠错机制的实施对国有企业固定资产投资的促进作用更加明显，从而在一定程度上证实了容错纠错机制通过提高公司风险承担水平促进国有企业固定资产投资。

表4-7 基于高管任期的异质性分析

变量	高管任期长	高管任期短
	PPE	PPE
FEM	0.013	0.048 ***
	(0.64)	(3.07)
Size	0.049 ***	0.064 ***
	(5.54)	(6.82)
Lev	-0.110 ***	-0.139 ***
	(-2.82)	(-3.28)
Intan	-0.110	-0.069
	(-1.07)	(-0.81)
NCF	0.139 ***	0.215 ***
	(2.69)	(3.88)
AT	-0.030 **	-0.062 ***
	(-2.02)	(-4.15)
TobinQ	0.004	-0.007
	(0.78)	(-1.03)
Current	-0.012 ***	-0.007 *
	(-2.93)	(-1.71)
Growth	0.197 ***	0.206 ***
	(8.59)	(10.04)
Share	0.006 ***	0.006 ***
	(2.80)	(2.91)
Balance	0.006	0.025 ***
	(0.71)	(2.90)
Board	-0.002	0.007
	(-0.12)	(0.35)

续表

变量	高管任期长	高管任期短
	PPE	*PPE*
年份效应	控制	控制
行业效应	控制	控制
常数项	− 0. 933 ***	− 1. 205 ***
	(− 5. 45)	(− 5. 76)
样本量	5102	5010
调整后 R^2	0. 141	0. 189

注：①在公司层面进行聚类，并经过稳健的标准误调整；②" * "" ** "和" *** "分别表示
10% 、5% 和1% 的显著性水平；③括号内报告值是 T 统计量。

4. 4. 4　作用机制分析

前面的回归结果证实了容错纠错机制的实施对国有企业固定资产投资具有显著的促进作用，并且在行业竞争程度低、地区法治环境差、高管晋升激励强、高管任期短的分组中更加明显，这在一定程度上表明容错纠错机制的实施通过提高公司治理水平和公司风险承担水平，促进了国有企业固定资产投资。为了进一步提供更可靠的证据，本章接下来直接检验公司治理机制和风险承担机制，以揭示容错纠错机制如何影响国有企业固定资产投资。

4. 4. 4. 1　公司治理机制

根据前面的理论分析，在国有企业的多层委托代理关系中，国有企业的股东缺乏动机直接有效监督职业经理人对企业的日常运营管理（杨瑞龙，1997）。因此，与民营企业相比，国有企业管理层的行政任命及其特殊的管理制度使委托代理问题在国有企业中更加突出（Chen et al. ，2008）。容错纠错机制的实施可以对国有企业管理层进行更为有效的监督，在一定程度上约束国有企业管理层的行为，减少国有企业管理层谋取私利和失职渎职问题，从而促进国有企业的固定资产投资。如果容错纠错机制的实施可以通过公司

治理机制发挥作用，那么，容错纠错机制的实施对固定资产投资的促进效应会在公司治理水平较低的国有企业中更加明显。

为了检验这一机制，参考昂等（Ang et al.，2000）、李寿喜（2007）、陈克兢等（2020）的研究，采用管理费用率衡量公司治理水平（Governance）。首先，根据公司治理水平（Governance）的中位数将全部样本划分为公司治理水平低（Governance = 1）和公司治理水平高（Governance = 0）的两组样本；其次，对容错纠错机制与国有企业固定资产投资之间的关系进行分组回归，回归结果如表 4-8 所示。结果显示，在公司治理水平低（Governance = 1）的样本组中，容错纠错机制（FEM）的回归系数为 0.043，且在 5% 的水平上显著为正，而在公司治理水平高（Governance = 0）的样本组中，容错纠错机制（FEM）的回归系数为 0.026 且未通过显著性测试，这表明在公司治理水平较低的国有企业中，容错纠错机制的实施对国有企业固定资产投资的激励效应会更加突出，从而直接证实了公司治理机制。

表 4-8   公司治理作用机制分析

变量	公司治理水平低	公司治理水平高
	PPE	PPE
FEM	0.043 **	0.026
	(2.44)	(1.59)
Size	0.065 ***	0.046 ***
	(5.88)	(5.73)
Lev	-0.127 ***	-0.102 ***
	(-2.91)	(-2.94)
Intan	0.060	-0.240 ***
	(0.53)	(-2.95)
NCF	0.198 ***	0.150 **
	(3.83)	(2.57)
AT	-0.057 ***	-0.031 ***
	(-2.90)	(-2.65)

续表

变量	公司治理水平低	公司治理水平高
	PPE	PPE
TobinQ	−0.006	0.004
	(−1.05)	(0.71)
Current	−0.009**	−0.009*
	(−2.23)	(−1.77)
Growth	0.200***	0.204***
	(10.55)	(8.64)
Share	0.006***	0.006***
	(3.63)	(2.85)
Balance	0.010	0.022**
	(1.23)	(2.24)
Board	−0.019	0.020
	(−0.89)	(1.18)
年份效应	控制	控制
行业效应	控制	控制
常数项	−1.196***	−0.915***
	(−5.39)	(−4.85)
样本量	5397	4715
调整后 R^2	0.182	0.153

注：①在公司层面进行聚类，并经过稳健的标准误调整；②" * "" ** "和" *** "分别表示 10%、5% 和 1% 的显著性水平；③括号内报告值是 T 统计量。

4.4.4.2　风险承担机制

根据前面的理论分析，国有企业管理层承担的风险和获得的收益是不对等的，管理层承担高风险获得的高收益由股东所有，但管理层要承受风险乃至失败导致的严重后果。因此，国有企业管理层不愿承担较高的风险和实施较高风险的投资活动。容错纠错机制的实施可以宽容国有企业管理层在固定资产投资过程中出现的失败和挫折，提高了国有企业管理层的风险承担意愿，从而促进国有企业固定资产投资。如果容错纠错机制的实施可以通过风险承担机制发挥作用，那么，容错纠错机制的实施对固定资产投资的促进效应会在公司风险承担较低的企业中更加明显。

为了检验这一机制，参考约翰等（John et al.，2008）、苏坤（2016）的相关研究，采用公司在五年内经行业均值调整的净资产收益率标准差衡量公司风险承担（Risk）。首先，根据公司风险承担（Risk）的中位数将全部样本划分为公司风险承担高（Risk = 1）和公司风险承担低（Risk = 0）的两组样本；其次，对容错纠错机制与国有企业固定资产投资之间的关系进行分组回归，回归结果如表4－9所示。结果显示，在公司风险承担低（Risk = 0）的样本组中，容错纠错机制（FEM）的回归系数为0.071，且在1%的水平上显著为正，而在公司风险承担高（Risk = 1）的样本组中，容错纠错机制（FEM）的回归系数为 － 0.003且未通过显著性测试，这表明容错纠错机制的实施对国有企业固定资产投资的促进作用在公司风险承担较低的企业中更加突出，从而直接验证了风险承担机制。

表4－9 风险承担作用机制分析

变量	公司风险承担高	公司风险承担低
	PPE	PPE
FEM	－ 0.003 （ － 0.15）	0.071 *** （4.02）
Size	0.055 *** （7.19）	0.050 *** （5.57）
Lev	－ 0.127 *** （ － 3.56）	－ 0.071 （ － 1.50）
Intan	0.082 （0.85）	0.015 （0.21）
NCF	0.273 *** （5.00）	0.076 （1.40）
AT	－ 0.062 *** （ － 4.63）	－ 0.034 ** （ － 2.24）

续表

变量	公司风险承担高	公司风险承担低
	PPE	PPE
TobinQ	−0.011*	0.005
	(−1.80)	(0.92)
Current	−0.006	−0.012**
	(−1.59)	(−2.17)
Growth	0.208***	0.192***
	(10.72)	(7.40)
Share	0.006***	0.006**
	(3.76)	(2.23)
Balance	0.017**	0.012
	(2.10)	(1.42)
Board	−0.041**	0.034*
	(−2.26)	(1.67)
年份效应	控制	控制
行业效应	控制	控制
常数项	−0.955***	−1.115***
	(−5.61)	(−5.74)
样本量	5397	4715
调整后 R^2	0.185	0.224

注：①在公司层面进行聚类，并经过稳健的标准误调整；②" * "" ** "和" *** "分别表示10%、5%和1%的显著性水平；③括号内报告值是 T 统计量。

4.4.5　稳健性检验

为了得到更稳健的回归结果，本章分别采用了平行趋势检验、安慰剂检验、替换固定资产投资的衡量方式、按照省份层面聚类、控制行业随时间的变化、缩短样本期间、删除观测期内未实施容错纠错机制的样本、前置一期固定资产投资、排除替代性解释等方法进行稳健性检验。

4.4.5.1　平行趋势检验

在建立双重差分模型时，需要实验组和对照组在容错纠错机制的实施之前满足平行趋势假设，即在容错纠错机制的实施之前，两组企业的固定资产投资呈现相同的变化趋势。因此，本章参考贝克等（Beck et al.，2010）、张训常等（2021）、辛宇等（2022）的相关研究，实证模型（4-2）构建如下：

$$PPE_{i,t} = \beta_0 + \sum_{k \geqslant -9}^{3+} \delta_k FEM_{i,t_{c0}+k} + Controls_{i,t} + Year + Industry + \varepsilon_{i,t}$$

$$(4-2)$$

其中，t_{c0} 表示容错纠错机制建立的年份；$FEM_{i,t_{c0}+k}$ 表示容错纠错机制的实施前后几个时期的虚拟变量，即当 $t - t_{c0} = k$ 时（$k = -9$，-8，-7，-6，-5，-4，-3，-2，-1，0，1，2，$3+$），$FEM_{i,t_{c0}+k} = 1$，否则 $FEM_{i,t_{c0}+k} = 0$。通过模型（4-2）估计得到的 δ_k 表示实验组和对照组固定资产投资随时间变化的趋势，估计结果如表4-10所示。结果显示，容错纠错机制实施前 9 期 $FEM_{(容错纠错机制实施当年+k)}$（$k = -9$，-8，-7，-6，-5，-4，-3，-2，-1）的回归系数均未通过显著性测试，在实施容错纠错机制以后的年份中，$FEM_{(容错纠错机制实施当年+k)}$（$k = 0$，1，2，$3+$）的回归系数均在5%的水平上显著为正，从而验证了平行趋势假设。

表4-10　　　　　　　　　　　平行趋势检验

变量	PPE
$FEM_{(容错纠错机制实施当年-9)}$	-0.041 （-1.20）
$FEM_{(容错纠错机制实施当年-8)}$	-0.013 （-0.44）
$FEM_{(容错纠错机制实施当年-7)}$	-0.023 （-0.88）

续表

变量	PPE
$FEM_{(容错纠错机制实施当年-6)}$	-0.015 (-0.63)
$FEM_{(容错纠错机制实施当年-5)}$	0.001 (0.05)
$FEM_{(容错纠错机制实施当年-4)}$	0.006 (0.23)
$FEM_{(容错纠错机制实施当年-3)}$	0.011 (0.41)
$FEM_{(容错纠错机制实施当年-2)}$	0.018 (0.67)
$FEM_{(容错纠错机制实施当年-1)}$	0.044 (1.59)
$FEM_{(容错纠错机制实施当年)}$	0.059** (2.10)
$FEM_{(容错纠错机制实施当年+1)}$	0.069** (2.35)
$FEM_{(容错纠错机制实施当年+2)}$	0.070** (2.25)
$FEM_{(容错纠错机制实施3年以后)}$	0.073** (2.14)
$Size$	0.052*** (7.48)
Lev	-0.112*** (-3.59)
$Intan$	0.052 (0.80)
NCF	0.190*** (4.80)
AT	-0.049*** (-4.54)

续表

变量	PPE
TobinQ	−0.005
	(−1.21)
Current	−0.008 ***
	(−2.66)
Growth	0.203 ***
	(13.23)
Share	0.006 ***
	(3.77)
Balance	0.014 **
	(2.31)
Board	−0.003
	(−0.23)
年份效应	控制
行业效应	控制
常数项	−0.983 ***
	(−6.59)
样本量	10112
调整后 R²	0.192

注：①在公司层面进行聚类，并经过稳健的标准误调整；②" * "" ** "和" *** "分别表示10%、5%和1%的显著性水平；③括号内报告值是 T 统计量。

4.4.5.2 安慰剂检验

为了排除公司自身特征对本章实证结果的影响，本章借鉴胡宁等（2019）、陈运森等（2022）的相关做法，将容错纠错机制的实施时间分别向前推 3 年和 4 年，使用虚拟的容错纠错机制的实施时间进行安慰剂检验。在安慰剂检验中保持实验组和对照组样本公司与前面研究一样，如果本章的回归结果是公司之间的固有差异导致，那么使用虚拟的容错纠错机制的实施时间也能得到相同的结果。在表 4-11 中，第（1）列和第（2）列分别表示将容错纠错机制的实施时间向前推 3 年、4 年的回归结果。实证检验结果显示，容错纠错机制（*FEM*）的回归系数均未通过显著性测试，这说明虚拟的容错纠错机制并没有显著影响国有企业固定资产投资。

表 4 - 11　　　　　　　　　　安慰剂检验

变量	(1) PPE	(2) PPE
FEM	0.018 (1.48)	0.018 (1.64)
Size	0.053 *** (7.46)	0.053 *** (7.46)
Lev	-0.111 *** (-3.54)	-0.111 *** (-3.54)
Intan	0.045 (0.69)	0.045 (0.70)
NCF	0.190 *** (4.77)	0.190 *** (4.78)
AT	-0.048 *** (-4.48)	-0.048 *** (-4.48)
TobinQ	-0.005 (-1.09)	-0.005 (-1.06)
Current	-0.008 *** (-2.58)	-0.008 *** (-2.60)
Growth	0.202 *** (13.20)	0.203 *** (13.21)
Share	0.006 *** (3.59)	0.006 *** (3.56)
Balance	0.015 ** (2.33)	0.015 ** (2.33)
Board	-0.002 (-0.16)	-0.003 (-0.18)
年份效应	控制	控制

续表

变量	(1) PPE	(2) PPE
行业效应	控制	控制
常数项	−1.010 *** (−6.68)	−1.011 *** (−6.67)
样本量	10112	10112
调整后 R^2	0.192	0.192

注：①在公司层面进行聚类，并经过稳健的标准误调整；②"*""**"和"***"分别表示10%、5%和1%的显著性水平；③括号内报告值是T统计量。

4.4.5.3 替换固定资产投资的衡量方式

本章进一步借鉴申广军等（2016）、刘啟仁等（2019）的相关做法，使用国有企业当年新增固定资产与年初固定资产的比值衡量固定资产投资（PPE）来进行稳健性测试，回归结果如表4-12所示。实证检验结果显示，容错纠错机制（FEM）的回归系数为0.033，且在10%的水平上显著为正，这说明替换固定资产投资的衡量方式之后，本章的主要结论依然成立。

表4-12 替换固定资产投资的衡量方式

变量	PPE
FEM	0.033 * (1.81)
Size	0.015 *** (3.61)
Lev	−0.032 (−1.04)
Intan	0.106 (1.24)
NCF	0.070 (1.10)

续表

变量	PPE
AT	−0.075***
	(−6.03)
TobinQ	−0.014***
	(−2.75)
Current	−0.006**
	(−2.03)
Growth	0.395***
	(13.74)
Share	0.007***
	(2.81)
Balance	0.014*
	(1.85)
Board	−0.002
	(−0.13)
年份效应	控制
行业效应	控制
常数项	−0.216**
	(−2.15)
样本量	10112
调整后 R^2	0.175

注：①在公司层面进行聚类，并经过稳健的标准误调整；②"*""**"和"***"分别表示10%、5%和1%的显著性水平；③括号内报告值是 T 统计量。

4.4.5.4　按照省份层面聚类

前面的回归结果已经在企业层面进行聚类并经过稳健的标准误调整，本章借鉴万丛颖等（2022）、张训常等（2021）的相关做法，进一步采用省级聚类稳健标准误进行显著性分析，回归结果如表 4–13 所示。实证检验结果显示，容错纠错机制（FEM）的回归系数为 0.034，且在 1% 的水平上显著为正，这意味着在省份层面进行聚类之后，本章的研究结论依然成立。

表 4 – 13 　　　　　　　　　　按照省份层面聚类

变量	PPE
FEM	0. 034 ***
	(2. 72)
Size	0. 053 ***
	(4. 27)
Lev	− 0. 112 ***
	(− 2. 82)
Intan	0. 048
	(0. 77)
NCF	0. 190 ***
	(5. 02)
AT	− 0. 048 ***
	(− 4. 10)
TobinQ	− 0. 005
	(− 0. 75)
Current	− 0. 008 **
	(− 2. 25)
Growth	0. 203 ***
	(14. 14)
Share	0. 006 ***
	(3. 09)
Balance	0. 015 **
	(2. 21)
Board	− 0. 003
	(− 0. 24)
年份效应	控制
行业效应	控制

续表

变量	PPE
常数项	− 1. 007 *** （ − 3. 99）
样本量	10112
调整后 R²	0. 192

注：①在省份层面进行聚类，并经过稳健的标准误调整；②" * "" ** "和" *** "分别表示
10% 、5% 和1% 的显著性水平；③括号内报告值是 T 统计量。

4.4.5.5　控制行业随时间的变化

前面的实证模型中已经考虑了年份和行业差异性对国有企业固定资产投资的影响，但为了进一步控制行业随时间的变化，本章借鉴潘越等（2019）的做法，对容错纠错机制的实施与国有企业固定资产投资之间的关系进行重新检验，回归结果如表 4 – 14 所示。结果显示，容错纠错机制（FEM）的回归系数为 0. 035，且在 5% 的水平上显著为正，这意味着在控制了行业随时间的变化之后，本章的研究结论依然成立。

表 4 – 14　　　　　　　控制行业随时间的变化

变量	PPE
FEM	0. 035 ** （2. 54）
Size	0. 051 *** （7. 02）
Lev	− 0. 119 *** （ − 3. 62）
Intan	0. 045 （0. 68）
NCF	0. 196 *** （4. 84）

续表

变量	PPE
AT	-0.049^{***}
	(-4.66)
TobinQ	-0.006
	(-1.26)
Current	-0.009^{***}
	(-2.78)
Growth	0.207^{***}
	(13.21)
Share	0.005^{***}
	(3.11)
Balance	0.016^{**}
	(2.51)
Board	-0.003
	(-0.22)
年份效应	控制
行业效应	控制
行业×时间	控制
常数项	-1.025^{***}
	(-5.31)
样本量	10112
调整后 R^2	0.193

注：①在公司层面进行聚类，并经过稳健的标准误调整；②" * "" ** "和" *** "分别表示 10%、5%和1%的显著性水平；③括号内报告值是 T 统计量。

4.4.5.6 缩短样本期间

在探讨容错纠错机制的实施与国有企业固定资产投资之间的关系时，本章选取的样本期间为 2010~2021 年，这个样本期间跨度较长，可能存在较多影响国有企业固定资产投资的干扰因素。因此，本章将样本期间缩短为 2012~2021 年并进行重新估计，回归结果如表 4-15 所示。结果显示，容错纠错机制（*FEM*）的回归系数为 0.035，且在 1% 的水平上显著为正，这意味着在缩短样本期间之后，本章的研究结论依然成立。

表 4 – 15   缩短样本期间

变量	PPE
FEM	0.035 ***
	(2.76)
Size	0.053 ***
	(6.91)
Lev	− 0.124 ***
	(− 3.58)
Intan	0.074
	(1.04)
NCF	0.244 ***
	(5.17)
AT	− 0.050 ***
	(− 4.26)
TobinQ	− 0.005
	(− 1.01)
Current	− 0.009 **
	(− 2.47)
Growth	0.199 ***
	(11.45)
Share	0.005 ***
	(3.05)
Balance	0.015 **
	(2.28)
Board	− 0.014
	(− 0.91)
年份效应	控制
行业效应	控制

变量	PPE
常数项	-0.945^{***} (-5.72)
样本量	8240
调整后 R^2	0.191

注：①在公司层面进行聚类，并经过稳健的标准误调整；②"*""**"和"***"分别表示 10%、5%和1%的显著性水平；③括号内报告值是 T 统计量。

4.4.5.7 删除观测期内未实施容错纠错机制的样本

考虑到某些城市实际上已经实施了容错纠错机制，但可能未对外公开实施容错纠错机制的政策文件，如果不将这些样本从控制组中删除，可能会干扰本章的研究结果。因此，本章将这些样本从控制组中删除，对实证模型（4-1）进行了重新估计，回归结果如表 4-16 所示。结果显示，容错纠错机制（*FEM*）的回归系数为 0.034，且在 1% 的水平上显著，这说明在删除观测期内未实施容错纠错机制的样本之后，本章的主要结论依然成立。

表 4-16　　　　删除观测期内未实施容错纠错机制的样本

变量	PPE
FEM	0.034^{***} (2.59)
Size	0.054^{***} (7.57)
Lev	-0.115^{***} (-3.62)
Intan	0.048 (0.73)
NCF	0.192^{***} (4.79)
AT	-0.049^{***} (-4.53)

续表

变量	PPE
TobinQ	− 0.004
	(− 0.98)
Current	− 0.008 ***
	(− 2.62)
Growth	0.202 ***
	(13.10)
Share	0.006 ***
	(3.65)
Balance	0.015 **
	(2.37)
Board	− 0.001
	(− 0.10)
年份效应	控制
行业效应	控制
常数项	− 1.036 ***
	(− 6.80)
样本量	9981
调整后 R^2	0.193

　　注：①在公司层面进行聚类，并经过稳健的标准误调整；②" * "" ** "和" *** "分别表示 10%、5%和1%的显著性水平；③括号内报告值是 T 统计量。

4.4.5.8　前置一期固定资产投资

　　前文已经证实容错纠错机制的实施对国有企业固定资产投资具有促进作用，但容错纠错机制的实施有可能对未来几期的固定资产投资也产生影响。因此，本章将国有企业固定资产投资前置一期对实证模型（4-1）进行重新回归，回归结果如表 4-17 所示。实证检验结果显示，容错纠错机制（*FEM*）的回归系数为 0.029，且在 5% 的水平上显著为正，这说明在对固定资产投资进行前置一期后，本章的主要研究结论依然成立。

表 4 - 17　　　　　　　　　前置一期固定资产投资

变量	PPE
FEM	0.029 **
	(2.26)
Size	0.052 ***
	(6.52)
Lev	-0.128 ***
	(-3.71)
Intan	-0.057
	(-0.91)
NCF	-0.121 ***
	(-4.15)
AT	0.007
	(0.75)
TobinQ	0.018 ***
	(3.59)
Current	-0.001
	(-0.47)
Growth	0.012
	(1.33)
Share	0.005 ***
	(2.92)
Balance	0.006
	(1.00)
Board	-0.006
	(-0.39)
年份效应	控制
行业效应	控制
常数项	-1.054 ***
	(-6.21)
样本量	9645
调整后 R^2	0.098

注：①在公司层面进行聚类，并经过稳健的标准误调整；②"*""**"和"***"分别表示 10%、5%和1%的显著性水平；③括号内报告值是 T 统计量。

4.4.5.9　排除替代性解释

研究已经证明，税收优惠是激励企业固定资产投资的重要工具（House and Shapiro，2008；Zwick and Mahon，2017；刘啟仁等，2019；申慧慧和于鹏，2021）。近年来，我国政府出台了一系列的税收优惠政策。例如，财政部、国家税务总局《关于全面推开营业税改征增值税试点的通知》和财政部、税务总局《关于调整增值税税率的通知》。为了证实国有企业固定资产投资水平的提升是容错纠错机制实施导致的，而不是这些税收优惠政策带来的，本章采用应缴增值税与应缴营业税之和与营业收入的比值来衡量企业的实际税负（*Taxation*），并将其作为控制变量放入实证模型（4 – 1）中进行重新估计，回归结果如表 4 – 18 所示。结果显示，容错纠错机制（*FEM*）的回归系数为 0.036，且在 1% 的水平上显著，这说明在控制这些税收优惠政策之后，本章的主要结论依然成立。

表 4 – 18　　　　　　　　　　　排除替代性解释

变量	PPE
FEM	0.036 *** (2.76)
Taxation	− 0.939 ** (− 2.31)
Size	0.051 *** (7.42)
Lev	− 0.115 *** (− 3.58)
Intan	0.043 (0.66)
NCF	0.189 *** (4.69)
AT	− 0.047 *** (− 4.43)

变量	PPE
TobinQ	− 0. 006 (− 1. 43)
Current	− 0. 009 *** (− 2. 74)
Growth	0. 205 *** (13. 02)
Share	0. 006 *** (3. 67)
Balance	0. 013 ** (2. 16)
Board	− 0. 006 (− 0. 38)
年份效应	控制
行业效应	控制
常数项	− 0. 986 *** (− 6. 77)
样本量	9807
调整后 R^2	0. 177

注：①在公司层面进行聚类，并经过稳健的标准误调整；②" * "" ** "和" *** "分别表示10% 、5% 和1% 的显著性水平；③括号内报告值是 T 统计量。

4.4.6　拓展性分析

本章之前的研究结果显示，容错纠错机制的实施通过提高公司治理水平和公司风险承担水平显著促进了国有企业固定资产投资。在拓展性分析部分中，本章进一步探讨容错纠错机制的实施对不同层级国有企业固定资产投资的影响、对国有企业投资效率的影响，以及对国有企业固定资产投资后绩效的影响，从而丰富本章的回归结果和研究结论。

4.4.6.1 容错纠错机制的实施对不同层级国有企业固定资产投资的影响

为了探讨容错纠错机制的实施对中央国有企业、省属国有企业和市属国有企业的固定资产投资是否都有影响，本章进一步将容错纠错机制（*FEM*）拆分为 *FEM × CentralSOE*、*FEM × ProvinceSOE* 和 *FEM × CitySOE*，用来分别反映容错纠错机制对中央国有企业、省属国有企业和市属国有企业的经济效应。其中，*CentralSOE*、*ProvinceSOE* 和 *CitySOE* 分别代表是否为中央国有企业、省属国有企业和市属国有企业的虚拟变量，回归结果如表 4 – 19 所示。实证检验结果显示，*FEM × CentralSOE*、*FEM × ProvinceSOE* 和 *FEM × CitySOE* 的回归系数分别为 0.072、0.054 和 0.036，且至少在 5% 的水平上显著为正，这表明容错纠错机制的实施对中央国有企业、省属国有企业和市属国有企业的固定资产投资水平均具有促进作用。

表 4 – 19　　容错纠错机制对不同层级国有企业固定资产投资的影响

变量	PPE
FEM × CentralSOE	0.072 ***
	(3.94)
FEM × ProvinceSOE	0.054 ***
	(2.66)
FEM × CitySOE	0.036 **
	(2.20)
Size	0.052 ***
	(7.55)
Lev	− 0.110 ***
	(− 3.56)
Intan	0.056
	(0.88)
NCF	0.191 ***
	(4.83)

续表

变量	PPE
AT	− 0. 048 ***
	(− 4. 55)
TobinQ	− 0. 006
	(− 1. 35)
Current	− 0. 008 ***
	(− 2. 72)
Growth	0. 203 ***
	(13. 24)
Share	0. 006 ***
	(3. 86)
Balance	0. 014 **
	(2. 22)
Board	− 0. 003
	(− 0. 20)
年份效应	控制
行业效应	控制
常数项	− 0. 987 ***
	(− 6. 74)
样本量	10112
调整后 R^2	0. 194

注：①在公司层面进行聚类，并经过稳健的标准误调整；②" * "" ** "和 " *** "分别表示 10%、5%和1%的显著性水平；③括号内报告值是 T 统计量。

4.4.6.2　容错纠错机制的实施对国有企业投资效率的影响

前面结果已经表明，容错纠错机制通过提高国有企业风险承担水平和缓解国有企业委托代理问题促进了国有企业投资活动。那么，容错纠错机制的实施对国有企业的投资效率有什么影响呢？一方面，容错纠错机制在提高国有企业管理层对投资风险和失败容忍度的同时，将纠错工作流程纳入对国有企业管理层行为的平时审查中，在一定程度上约束了国有企业管理层的谋取私利行为，提高了国有上市公司的治理水平；另一方面，未按规定履行审批程序，擅自进行固定资产投资，或者未按规定进行可行性分析等，依然会对国有企业管理层进行责任追究。因此，本章预期容错纠错机制的实施会提升国有企业的投资效率。

为了检验容错纠错机制对国有企业投资效率的影响，本章借鉴陈等（Chen et al.，2011）、王雄元和徐晶（2022）、张训常等（2021）的相关做法，采用国有企业投资水平对国有企业投资机会的敏感程度来衡量国有企业投资效率，实证模型（4-3）构建如下：

$$PPE_{i,t} = \beta_0 + \beta_1 FEM_{i,t} + \beta_2 Growth_{i,t-1} + \beta_3 FEM_{i,t} \times Growth_{i,t-1}$$
$$+ Controls_{i,t} + Year + Industry + \varepsilon_{i,t} \quad (4-3)$$

其中，固定资产投资（PPE）利用企业固定资产取对数后的差值来衡量；企业投资机会（Growth）利用上期营业收入增长率来衡量；容错纠错机制（FEM）利用国有上市公司实际控制人所在地区是否出台容错纠错机制办法来衡量；Controls 指代一系列的控制变量，具体包括：无形资产占比（Intan）、自由现金流量（NCF）、总资产周转率（AT）、企业价值（TobinQ）、资产负债率（Lev）、流动比率（Current）、管理层持股比例（Share）、股权制衡度（Balance）、董事会规模（Board）、企业规模（Size）等；同时，还设置了年份虚拟变量（Year）和行业虚拟变量（Industry）。

实证检验结果如表4-20所示，变量 Growth 的回归系数为0.003，且在10%的水平上显著为正，同时交互项 FEM × Growth 的回归系数为0.008，且在10%的水平上显著为正，表明国有企业投资水平对国有企业投资机会的反应为正，并且容错纠错机制的实施显著提升了国有企业投资水平对国有企业投资机会的敏感程度，即容错纠错机制的实施提高了国有企业的投资效率。

表 4-20　　容错纠错机制对国有企业投资效率的影响

变量	PPE
FEM	0.123 ** (2.07)

续表

变量	PPE
Growth	0.003 * (1.66)
FEM × *Growth*	0.008 * (1.66)
Size	0.058 *** (7.91)
Lev	−0.125 *** (−3.73)
Intan	0.065 (0.90)
NCF	0.097 * (1.83)
AT	−0.027 ** (−2.30)
Current	−0.008 *** (−2.62)
TobinQ	−0.001 (−0.33)
Share	0.008 *** (3.30)
Balance	0.020 *** (2.90)
Board	−0.001 (−0.08)
年份效应	控制
行业效应	控制
常数项	−1.195 *** (−7.04)
样本量	9009
调整后 R^2	0.115

注：①在公司层面进行聚类，并经过稳健的标准误调整；②"＊""＊＊"和"＊＊＊"分别表示 10%、5%和1%的显著性水平；③括号内报告值是 T 统计量。

4.4.6.3 容错纠错机制的实施对国有企业固定资产投资后绩效的影响

前面的回归结果显示，容错纠错机制通过缓解委托代理问题和提高公司风险承担水平，从而促进了国有企业的固定资产投资。那么，这一机制会如何影响企业价值？本章利用 $TobinQ$ 衡量企业价值，并将其作为被解释变量来实证检验容错纠错机制的实施对国有企业固定资产投资后绩效的影响，回归结果如表4-21所示。实证检验结果显示，容错纠错机制与固定资产投资的交互项（$FEM \times PPE$）在5%的水平上显著为正，这表明容错纠错机制的实施通过促进国有企业固定资产投资，显著提升了国有企业的市场价值。

表4-21   容错纠错机制对国有企业固定资产投资后绩效的影响

变量	TobinQ
FEM	0.118 ** (2.20)
PPE	-0.040 (-0.77)
FEM × PPE	0.189 ** (2.12)
Size	-0.404 *** (-12.78)
Lev	-0.135 (-0.74)
Intan	0.501 (1.30)
NCF	0.250 *** (2.70)
AT	0.000 (0.00)
Current	0.066 *** (3.08)
Growth	0.087 *** (2.70)

续表

变量	TobinQ
Share	-0.010 (-1.39)
Balance	0.027 (0.88)
Board	0.009 (0.18)
年份效应	控制
行业效应	控制
常数项	11.298 *** (17.00)
样本量	10112
调整后 R^2	0.404

注：①在公司层面进行聚类，并经过稳健的标准误调整；②"*""**"和"***"分别表示10%、5%和1%的显著性水平；③括号内报告值是T统计量。

4.5 本章小结

本章采用2010～2021年我国A股国有上市公司数据，实证检验了容错纠错机制的实施对国有企业固定资产投资的影响及其作用路径。本章研究结果如下：总体而言，容错纠错机制的实施对国有企业固定资产投资具有显著的激励效应；异质性分析结果表明，在行业竞争程度较低、地区法治环境较差、高管晋升激励较强和高管任期较短的分组中，容错纠错机制的实施对国有企业固定资产投资的激励效应更加突出；作用机制分析结果显示，容错纠错机制的实施通过公司治理机制和风险承担机制促进国有企业固定资产投资水平的提升；拓展性分析结果表明，容错纠错机制的实施促进了不同层级国有企业的固定资产投资行为，并且提升了国有企业投资效率和国有企业固定资产投资后的市场价值。

　　本章的研究结果拓展了容错纠错机制经济后果的相关研究，充实了国有企业固定资产投资影响因素的相关领域，厘清了容错纠错机制的实施对国有企业固定资产投资水平的作用机制。同时，本章的研究结果对现实情况也具有一定的指导和借鉴意义。首先，容错纠错机制的实施对国有企业固定资产投资具有明显的促进效应，揭示了容错纠错机制在国有企业中的重要作用，这对于政府部门结合我国制度环境评估容错纠错机制的实施效果具有重要参考价值。其次，行业竞争程度、地区法治环境、高管晋升激励和高管任期等内外部治理因素能够调节容错纠错机制与国有企业固定资产投资之间的关系，这表明了和谐的内外部环境不仅对企业生存和发展具有重要作用，而且对推动国有企业做大做强和激发国有企业高管生产积极性具有重要意义。最后，政府相关部门应继续推进容错纠错机制的实施，并辅以晋升激励机制，进一步深化国有企业改革。

| 第 5 章 |

容错纠错机制与国有企业创新投资

5.1 问题提出

第 4 章已经证实，容错纠错机制的实施对国有企业扩大再生产的固定资产投资具有激励效应，即容错纠错机制的实施显著提升了国有企业固定资产投资水平，这表明容错纠错机制的实施不仅为国有企业管理层解决了后顾之忧，激发了国有企业的积极性和主动性，而且发挥了公司治理功能，缓解了国有企业委托代理问题。

大量研究表明，企业创新投资是企业关键的内部投资行为之一，不仅能够提高企业的资源配置效率，从而促进企业高质量发展（Romer，1990），而且对于推动经济增长起着至关重要的作用（李延喜等，2019）。因此，影响企业创新的因素得到了学术界和实务界的广泛关注。在外部制度环境方面，学者们主要研究了金融发展水平（张倩和张玉喜，2020；解维敏和方红星，2011）、政府政策（章元等，2018；谭劲松等，2017）、法制环境（潘越等，2015；黎文靖等，2021）、竞争环境（Aghion et al.，2005；何玉润等，2015）、非正式制度环境（张璇等，2022）等对企业创新投资的影响。在内部公司治理方面，学者们主要探讨了股权结构（吴延兵，2012；聂辉华等，2008）、董事会治理（赵旭峰和温军，2011；刘中燕和周泽将，2020）、高管激励

（孔东民等，2017；王燕妮，2011）、管理层特征（何瑛等，2019；虞义华等，2018）等对企业创新投资的影响。虽然部分学者已经探讨了容错纠错机制对国有企业创新活动的影响，但是容错纠错机制变量主要使用国有企业自身层面是否制定容错纠错机制办法来衡量（叶永卫等，2021；赵玲和黄昊，2022），没有使用国有上市公司实际控制人所在地区是否出台容错纠错机制办法来衡量容错纠错机制，这样的研究设计与该实证问题的契合度存在一定差异，没有干净且有效地验证容错纠错机制的实施与国有企业创新投资之间的关系。

创新是国有企业转型升级、实现高质量发展的必由之路。在我国不断加快实施创新驱动发展战略的背景下，如何提高国有企业的创新水平显得尤为重要。那么，我国政府交错实施容错纠错机制能否激励国有企业进行创新活动？因此，本章主要探究以下问题：第一，容错纠错机制的实施是否会对国有企业的创新投资产生影响？第二，容错纠错机制的实施对国有企业创新投资的影响机制是什么？第三，外部制度环境和内部公司治理的差异会如何影响容错纠错机制与国有企业创新投资之间的关系？第四，容错纠错机制的实施对不同层级国有企业的创新投资均有影响吗？容错纠错机制的实施对国有企业内部投资的影响存在差异吗？容错纠错机制的实施对国有企业创新效率和创新后绩效有影响吗？

基于此，本章以 2010 ~ 2021 年我国 A 股国有上市公司作为研究样本，探讨了容错纠错机制的实施与国有企业创新投资之间的关系。结果显示：首先，容错纠错机制的实施对国有企业创新投资具有显著的激励效应；其次，在行业竞争程度较低、地区法治环境较差、高管晋升激励较强和高管任期较短的分组中，容错纠错机制的实施对国有企业创新投资的促进作用更加明显；再次，容错纠错机制的实施通过公司治理机制和风险承担机制促进国有企业创新投资水平的提升；最后，容错纠错机制的实施促进了不同层级国有企业创新投资，提升了国有企业创新效率和创新后市场价值，同时相较于国有企业的固定资产投资，容错纠错机制的实施对国有企业创新投资的影响更大。

本章可能的研究贡献如下：第一，拓展了企业创新投资影响因素的相关研究。现有文献主要探讨了外部制度环境（谭劲松等，2017；解维敏和方红星，2011；黎文靖等，2021；张璇等，2022）和内部公司治理（吴延兵，2012；孔东民等，2017；虞义华等，2018）对企业创新的影响，本章则基于我国制度背景研究了容错纠错机制的实施对国有企业创新投资的影响，丰富了宏观政策与微观企业行为的研究领域。第二，充实了容错纠错机制经济后果的相关研究。现有关于容错纠错机制的文献，主要集中在规范研究层面的探讨（吴传俭等，2017；马轶群和王文仙，2018；辜胜阻和庄芹芹，2016；万庄，2018；姜晓萍和吴宝家，2021；徐伟等，2017；于凡修，2021），本章从定量视角出发了实证检验了容错纠错机制的实施效果，有助于较为全面地理解容错纠错机制的经济后果。第三，厘清了容错纠错机制的实施对国有企业创新投资的作用机制。本章立足于我国政府交错实施容错纠错机制这一制度背景，基于风险容忍理论和委托代理理论，探究了容错纠错机制的实施对国有企业创新投资的作用路径，为容错纠错机制通过提高公司风险承担水平和缓解委托代理问题提升国有企业创新投资水平提供了数据支撑和经验证据。

5.2 理论分析与研究假设

创新是产业结构转型升级的重要动力，也是实现经济高质量发展的关键抓手。党的二十大报告明确指出，"创新是第一动力"。在我国不断加快实施创新驱动发展战略的背景下，作为中国特色社会主义市场经济的重要主体，国有企业应扛起创新大旗，充分发挥创新引领作用，通过创新活动不断提升国有企业核心竞争力、控制力和影响力，促进我国经济高质量发展。但是，创新不仅需要大量资金和人力的持续投入，而且研发周期较长、研发结果不确定，企业高管在创新决策中需要承担更大的风险（马永强等，2022；胡国柳等，2019）。

　　大量的研究表明，风险容忍度是企业创新需要考虑的重要因素（Aghion et al.，2013；胡国柳等，2019；Ederer and Manso，2013）。曼索（Manso，2011）通过构建理论模型，发现容忍早期的失败风险和奖励长期的成功是促进创新的最优方案。埃德雷尔和曼索（Ederer and Manso，2013）也证实了这一观点，得出容忍早期失败和奖励长期成果可以显著提升创新水平。田和王（Tian and Wang，2014）认为，风险资本对企业创新风险的容忍度越高，企业创新水平越高。陈运森等（2022）研究指出，国有企业管理层承担的风险和获得的收益是不对等的，国有企业管理层承担高风险获得的高收益由股东所有，但国有企业管理层要承受风险乃至失败导致的严重后果。合理的激励机制能够缓解国有企业管理层风险与收益不对等问题，但如果缺乏合理的激励机制，则该问题会更加突出（刘慧龙，2017；陈运森和谢德仁，2011）。此外，国有企业管理层的行政任命以及严格的薪酬管制，使其获得较低的收益份额（陈冬华等，2005；李文贵和余明桂，2012），加重国有企业高管对风险与收益不对等的担忧，从而降低国有企业高管承担风险的意愿。

　　国有企业管理层在创新活动方面一定程度上存在"不作为"问题（陈克兢等，2020），甚至可能导致企业资源错配，影响企业创新活动。部分学者对国有企业创新水平低的原因进行了探讨。由于承担了促进就业和维护社会安全稳定等政策性负担，国有企业进行创新活动的意愿不强，即与国有企业相比，非国有企业具有更强的创新意愿（Lin et al.，2011；唐跃军和左晶晶，2014）。吴延兵（2012）研究指出，国有企业存在预算软约束和严重的委托代理问题。因此，国有企业不仅存在创新效率损失，而且还存在生产效率损失。杜勇等（2017）研究指出，由于国有企业存在严重的代理问题，国有企业管理层更可能迫于短期业绩的压力放弃进行创新投资等长期性投资活动。

　　近些年，党和政府为了营造宽松的创新环境和激励企业创新，提出容错纠错机制这一新的企业业绩评价机制。2016 年，我国政府工作报告明确提出，"健全激励机制和容错纠错机制"，给改革创新者营造宽松的环境，宽容改革创新者在摸索性实践中出现的偏差和失误，让改革创新者愿干事、敢干事、能干成事。自此之后，我国各级政府也陆续颁布容错纠错机制的实施办法，并明确指出对创新容错的相关规定。例如，《陕西省省属国有企业领导人员容错纠错办法（试行）》指出，在推动和落实创新驱动发展战略过程中，因探索性实践、缺少创新经验、敢于改革创新等出现的偏差和失误，可以对国有企业负责人进行容错。再者，在调整企业投资结构和推进企业转型升级过程中，因国家相关政策调整、上级决策部署变化出现的损失或负面影响，可以对国有企业负责人进行容错。又如，青海省出台了《关于建立容错机制鼓励支持省属出资企业改革创新的意见（试行）》，明确规定，国有企业负责人在改革创新过程中勤勉尽责、竭诚尽职，没有利用权力为自己谋取私利，但未实现预期的既定目标，可以对国有企业负责人进行容错免责。这些有关容错纠错机制的规定为国有企业管理层的创新投资决策提供了制度性保障，提高了国有企业管理层对创新风险的容忍度，打消了国有企业管理层对创新失败的顾虑，从而激励了国有企业管理层进行更多创新投资。

容错机制是手段，纠错机制是目的，允许试错是必要的，但还要在总结错误和失误原因的基础上有效开展纠错工作（陈朋，2019）。实施容错纠错机制，必须坚持容纠并举、有错必纠的原则，辩证地看待容错和纠错之间的关系。容错纠错机制的实施在为国有企业管理层创造宽松容错环境和激励国有企业管理层勇于探索、敢于创新的同时，对国有企业管理层在创新投资过程中犯错的原因和性质进行调查和核实，进一步健全和完善国有企业创新投资和实施创新驱动发展战略的纠错制度，将纠错工作流程纳入对国有企业管理层行为的平时审查中，强化了对国有企业管理层权力运行的日常监督和约束，降低了国有企业代理成本，从而提升了国有企业创新投资水平。因此，本章提出假设：

H5 – 1：容错纠错机制的实施有利于促进国有企业创新投资。

5.3　研究设计

5.3.1　样本选取与数据来源

为了探究容错纠错机制的实施与国有企业创新投资之间的关系，本章将样本期间选为 2010～2021 年，并以我国 A 股国有上市公司作为初始样本。第一，本章从 CSMAR 数据库中下载股权性质文件并对其进行分析，筛选出该文件中的全部国有企业，并将国有企业进一步划分为中央国有企业、省属国有企业以及市属国有企业三个类别。第二，在区分国有企业类别的基础上，结合国有企业实际控制人的名字，进一步判断省属国有企业和市属国有企业的最终隶属情况。第三，根据中央、省（自治区、直辖市）以及地级市容错纠错机制的实施情况，从而确定本书的实验组和控制组。第四，对原始样本进行了如下的筛选：删除 ST、*ST、PT 国有企业样本；删除资产负债率大于 1 的国有企业样本；删除数据异常和缺失的国有企业样本；删除金融类国有企业样本。第五，为控制异常值对研究结论的影响，对所有的连续变量实施了上下 1% 的缩尾处理。

容错纠错机制数据主要通过以下方式进行收集：一方面，在国资委等政府官方网站以"容错""纠错""容错纠错"为关键词进行搜索，收集并阅读容错纠错机制的相关政策文件，确认适用对象为国有企业，进而确定中央、省（自治区、直辖市）以及地级市是否实施容错纠错机制以及实施年份；另一方面，若在国资委等政府官方网站未能搜索到相关信息，则通过北大法宝数据库以及百度等搜索引擎予以收集，进一步确认适用对象为国有企业，从而确定中央、省（自治区、直辖市）以及地级市是否实施容错纠错机制以及实施年份。在获得容错纠错机制相关数据之后，结合上述对国有企业隶属情况的分类，最终确定本书的实验组和控制组。本书进一步通过举例加以说明，中央纪委驻国资委纪检组于 2016 年颁布了《关于中央企业纪检工作贯彻落实习近平总书记"三个区分开来"重要思想的指导意见》，陕西省于 2016 年出台了《陕西省省属国有企业领导人员容错纠错办法（试行）》，从而分别确定了中央企业、陕西省省属国有企业受到政府容错纠错机制影响的时间。创新投资数据来源于 CNRDS 数据库，其他的财务数据来源于国泰安（CSMAR）数据库和 CNRDS 数据库。

5.3.2　变量定义

5.3.2.1　被解释变量

借鉴周铭山等（2017）、罗宏和秦际栋（2019）的相关研究，本章的被解释变量创新投资（RD）采用企业当年研发投入与营业收入的比值来衡量。同时，为了保证回归结果的可靠性，借鉴周铭山和张倩倩（2016）、陈克兢等（2020）、马永强等（2022）的相关做法，在本章稳健性检验部分还使用企业当年研发投入与总资产的比值衡量创新投资来进行稳健性测试。

5.3.2.2　解释变量

现有关于容错纠错机制的定量研究较少，容错纠错机制变量主要使用国有企业自身层面是否制定容错纠错机制办法来衡量（叶永卫等，2021；赵玲和黄昊，2022）。参考张训常等（2021）、辛宇等（2022）的相关研究，本章创新性地使用国有上市公司实际控制人所在地区是否出台容错纠错机制办法来衡量容错纠错机制。解释变量（FEM）表示容错纠错机制实施前后的虚拟变量，当国有上市公司实际控制人所在地区第 t 年实施容错纠错机制后，赋值为 1，否则为 0；其中，中央国有企业适用中央容错纠错机制出台时间，省属国有企业适用省级容错纠错机制出台时间，市属国有企业适用市级容错纠错机制出台时间。

5.3.2.3　控制变量

借鉴以往相关文献（Tong et al.，2014；周铭山和张倩倩，2016；罗宏和秦际栋，2019；马永强等，2022），本章还选用一些影响国有企业创新投资的因素作为控制变量，具体包括：成长能力（*Growth*）、股权集中度（*Top*）、企业年龄（*Establish*）、董事会规模（*Board*）、企业规模（*Size*）、管理层持股比例（*Share*）、资产负债率（*Lev*）、两职合一（*Dual*）等。同时，本章还设置了年份虚拟变量（*Year*）和行业虚拟变量（*Industry*），来控制年份和行业差异性对国有企业创新投资的影响（见表 5 - 1）。

表 5 - 1　　　　　　　　　　　　变量定义

变量描述	变量符号	变量界定
创新投资	*RD*	企业当年研发投入/营业收入
容错纠错机制	*FEM*	国有上市公司实际控制人所在地区第 *t* 年实施容错纠错机制后，赋值为 1，否则为 0
成长能力	*Growth*	营业收入增长量/上期营业收入
股权集中度	*Top*	第一大股东持股比例
企业年龄	*Establish*	企业成立年限取自然对数
资产负债率	*Lev*	总负债与总资产的比值
董事会规模	*Board*	董事会人数取自然对数
企业规模	*Size*	期末总资产取对数
管理层持股比例	*Share*	管理层持股数量/公司总股数
两职合一	*Dual*	若总经理和董事长均由同一个人担任，赋值为 1，否则为 0

5.3.3　模型设定

容错纠错机制经历了中央到地方的分阶段、分地区逐步实施的过程，这一特点使得容错纠错机制冲击具有外生性的"准自然实验"性质。借鉴贝克等（Beck et al.，2010）、李等（Li et al.，2016）、张训常等（2021）的相关研究，本章利用政府交错实施容错纠错机制设计准自然实验，考察容错纠错机制的实施与国有企业创新投资之间的关系。本章的实证模型（5 - 1）构建如下：

$$RD_{i,t} = \beta_0 + \beta_1 FEM_{i,t} + Controls_{i,t} + Year + Industry + \varepsilon_{i,t} \quad (5-1)$$

其中，RD 指代国有企业的创新投资；FEM 指代容错纠错机制；Controls 指代一系列的控制变量，包括成长能力（Growth）、股权集中度（Top）、企业年龄（Establish）、董事会规模（Board）、企业规模（Size）、管理层持股比例（Share）、资产负债率（Lev）、两职合一（Dual）等；Year 表示年份固定效应，用于控制影响国有企业创新投资的宏观经济因素；Industry 表示行业固定效应，用于控制不随时间变化的行业固有特征。在实证模型中，本章重点关注估计回归系数 β_1，若 β_1 显著大于 0，则意味着容错纠错机制的实施对国有企业创新投资具有显著的激励效应。

5.4 实证结果分析

5.4.1 描述性统计

本章实证研究主要变量的描述性统计情况如表 5-2 所示。国有企业创新投资（RD）的均值为 0.022，标准差为 0.032，说明各个国有企业的创新投资水平良莠不齐，并且国有企业的创新投资水平还需进一步提升。容错纠错机制（FEM）的均值为 0.438，标准差为 0.496，表明受到容错纠错机制影响的国有企业占比为 43.8%。同时，表 5-2 还列示了其他相关变量的描述性统计情况，均在合理范围内，意味着在对所有连续变量进行缩尾处理后，已不受异常值的严重影响。

表 5-2 描述性统计

变量	观测值	均值	标准差	最小值	中位数	最大值
RD	11789	0.022	0.032	0.000	0.008	0.222
FEM	11789	0.438	0.496	0.000	0.000	1.000
Size	11789	22.769	1.427	18.972	22.623	26.738
Lev	11789	0.509	0.203	0.053	0.518	0.936
Growth	11789	0.163	0.488	-0.711	0.089	3.705

变量	观测值	均值	标准差	最小值	中位数	最大值
Top	11789	0.387	0.153	0.085	0.374	0.750
Establish	11789	2.898	0.338	0.693	2.944	3.466
Board	11789	2.310	0.284	1.386	2.303	2.944
Share	11789	0.614	3.004	0.000	0.001	57.584
Dual	11789	0.101	0.301	0.000	0.000	1.000

5.4.2　多元回归分析

为探讨容错纠错机制的实施对国有企业创新投资水平的影响，本章采用实证模型（5-1）进行了回归分析，结果如表5-3所示。第（1）列和第（2）列分别列示了依次加入年份固定效应和行业固定效应的实证检验结果。第（1）列容错纠错机制（*FEM*）的回归系数为0.009，且在1%的水平上显著为正，第（2）列容错纠错机制（*FEM*）的回归系数为0.005，且在1%的水平上显著为正，这两列实证结果意味着容错纠错机制的实施对国有企业的创新投资水平具有显著的激励效应，从而证实了本章的研究假设。

表5-3　　　　　容错纠错机制对国有企业创新投资的回归结果

变量	(1) RD	(2) RD
FEM	0.009 *** (5.02)	0.005 *** (3.00)
Size	−0.002 *** (−4.76)	−0.001 *** (−3.13)
Lev	−0.018 *** (−4.95)	−0.020 *** (−6.23)
Growth	−0.001 *** (−2.70)	−0.002 *** (−3.68)

变量	(1) RD	(2) RD
Top	-0.023 ***	-0.011 ***
	(-4.94)	(-3.17)
Establish	-0.016 ***	-0.010 ***
	(-6.19)	(-4.71)
Board	0.001	0.001
	(0.75)	(0.92)
Share	0.002 ***	0.001 ***
	(6.32)	(5.35)
Dual	-0.000	-0.000
	(-0.16)	(-0.18)
年份效应	控制	控制
行业效应	未控制	控制
常数项	0.118 ***	0.062 ***
	(9.11)	(5.66)
样本量	11789	11789
调整后 R^2	0.159	0.399

注：①在公司层面进行聚类，并经过稳健的标准误调整；②" * "" ** "和" *** "分别表示 10%、5% 和 1% 的显著性水平；③括号内报告值是 T 统计量。

5.4.3　异质性分析

容错纠错机制的实施与国有企业创新投资之间的关系会受到内外部治理因素的影响。因此，本章进一步从行业竞争程度、地区法治环境、高管晋升激励和高管任期等视角探讨了在不同的内外部治理因素影响下，容错纠错机制的实施对国有企业创新投资的影响差异。

5.4.3.1 行业竞争程度

作为公司外部治理机制和市场竞争机制，产品市场竞争能够对企业经营决策产生重要影响。现有研究表明，产品市场竞争通过发挥其外在的监督和约束作用有效缓解委托代理问题（邢立全和陈汉文，2013；Nalebuff and Stiglitz，1983；Hart，1983），从而促使企业进行创新活动、研发新产品（Kimberly and Evanisko，1981；Tishler and Milstein，2008；Berry，2020；何玉润等，2015）。因此，当企业所处的行业竞争缓和时，企业在生产经营过程中面临的委托代理问题相对较重，代理成本较高。相反，当企业所处的行业竞争激烈时，外部竞争压力会规范和约束管理层的行为，被迫减少自己有损企业利益的行为，企业在生产经营过程中面临的委托代理问题相对较轻，代理成本较低。此时，如果容错纠错机制的实施能够发挥公司治理作用。那么，当企业所处行业竞争程度较低时，容错纠错机制的实施更能有效地降低代理成本，从而促进国有企业的创新投资。

基于此，本章进一步探讨了不同的行业竞争程度下，容错纠错机制的实施对国有企业创新投资的差异性影响。参考徐虹等（2015）、姜付秀等（2009）、韩忠雪和周婷婷（2011）的相关研究，采用赫芬达尔指数衡量行业竞争程度（Competition），即行业内各公司营业收入与行业营业收入比值的平方和。首先，根据行业竞争程度（Competition）的中位数将全部样本划分为行业竞争程度低（Competition = 1）和行业竞争程度高（Competition = 0）的两组样本；其次，对实证模型（5 - 1）进行分组回归，实证结果如表 5 - 4 所示。结果显示，在行业竞争程度低（Competition = 1）的样本组中，容错纠错机制（FEM）的回归系数为 0.004，且在 1% 的水平上显著为正，而在行业竞争程度高（Competition = 0）的样本组中，容错纠错机制（FEM）的回归系数为 0.003，且未通过显著性测试，这表明当行业竞争程度低时，容错纠错机制对国有企业创新投资的促进作用更加明显，从而在一定程度上证实了容错纠错机制通过有效缓解委托代理问题促进国有企业创新投资。

表 5 - 4　　　　　　　　　　基于行业竞争程度的异质性分析

变量	行业竞争程度低	行业竞争程度高
	RD	*RD*
FEM	0. 004 *** (3. 02)	0. 003 (1. 10)
Size	- 0. 000 (- 1. 09)	- 0. 001 (- 0. 88)
Lev	- 0. 018 *** (- 5. 64)	- 0. 016 *** (- 3. 73)
Growth	- 0. 002 *** (- 4. 14)	- 0. 002 *** (- 2. 79)
Top	- 0. 009 ** (- 2. 31)	- 0. 006 (- 1. 29)
Establish	- 0. 007 *** (- 3. 25)	- 0. 012 *** (- 4. 00)
Board	0. 003 * (1. 90)	0. 003 (1. 39)
Share	0. 000 (0. 98)	0. 001 *** (3. 76)
Dual	- 0. 001 (- 0. 82)	- 0. 000 (- 0. 25)
年份效应	控制	控制
行业效应	控制	控制
常数项	0. 034 *** (2. 69)	0. 027 * (1. 95)
样本量	5908	5881
调整后 R^2	0. 473	0. 497

注：①在公司层面进行聚类，并经过稳健的标准误调整；②" * "" ** "和" *** "分别表示10%、5%和1%的显著性水平；③括号内报告值是T统计量。

5.4.3.2　地区法治环境

作为企业营商环境的重要组成部分，地区法治环境对企业的生产经营决策产生积极影响（于文超等，2018）。地理环境和条件的差异、资源禀赋和经济发展水平不平衡、执法部门行政执法力度和效果不同，使得我国不同地区的法制环境良莠不齐（王兰芳等，2019；李延喜等，2015）。在法制环境较差的地区，法律法规体系和监管机制相对欠缺，行政执法力度相对松弛，难以对股东和管理层的行为进行有效监督，企业在生产经营过程中面临的委托代理问题相对较重，代理成本较高。此时，容错纠错机制可能会发挥更大的作用，从而提升国有企业创新投资水平。相反，在法制环境较好的地区，法律法规体系较为完善，监管机制较为健全，行政执法较为严格，执法效率和水平较高，股东和管理层更加规范和约束自己的行为，企业在生产经营过程中面临的委托代理问题相对较轻，代理成本较低。同时，现有研究表明，较好的法制环境可以通过加强产权保护和投资者保护来降低企业机会主义行为，从而促进企业的研发投入（王兰芳等，2019）。因此，如果容错纠错机制能够发挥公司治理作用，那么当企业所处较差地区法治环境时，容错纠错机制的实施更能有效缓解委托代理问题，从而促进国有企业创新投资。

基于此，本章进一步探讨了不同的地区法治环境下，容错纠错机制的实施对国有企业创新投资的差异性影响。参考曹越和孙丽（2021）、冯旭南（2012）、王兰芳等（2019）的相关研究，采用市场化指数中的"市场中介组织和法律制度环境"来衡量地区法治环境（$Environment$）。首先，根据地区法治环境（$Environment$）的中位数将全部样本划分为地区法治环境好（$Environment = 1$）和地区法治环境差（$Environment = 0$）的两组样本；其次，对容错纠错机制与国有企业创新投资之间的关系进行分组回归，实证结果如表 5 - 5 所示。结果显示，在地区法治环境差（$Environment = 0$）的样本组中，容错纠错机制（FEM）的回归系数为 0.008，且在 1% 的水平上显著为正，而在地区法治环境好（$Environment = 1$）的样本组中，容错纠错机制（FEM）的回归系数为 0.002，且未通过显著性测试，这表明当地区法治环境差时，容错纠错机制的实施对国有企业创新投资的促进作用更加明显，从而证实了容错纠错机制通过有效缓解委托代理问题促进国有企业创新投资。

表5-5　　　　　　　　　基于地区法治环境的异质性分析

变量	地区法治环境好	地区法治环境差
	RD	RD
FEM	0.002	0.008 ***
	(0.71)	(4.52)
Size	-0.002 ***	-0.001 ***
	(-2.70)	(-2.90)
Lev	-0.017 ***	-0.020 ***
	(-3.57)	(-5.94)
Growth	-0.002 ***	-0.001 **
	(-3.21)	(-2.27)
Top	-0.017 ***	-0.006
	(-3.36)	(-1.44)
Establish	-0.012 ***	-0.007 ***
	(-4.17)	(-3.50)
Board	0.001	0.002
	(0.50)	(1.05)
Share	0.001 ***	0.001 ***
	(4.26)	(2.98)
Dual	-0.001	0.000
	(-0.84)	(0.27)
年份效应	控制	控制
行业效应	控制	控制
常数项	0.074 ***	0.056 ***
	(4.75)	(4.61)
样本量	5901	5888
调整后 R^2	0.426	0.355

注：①在公司层面进行聚类，并经过稳健的标准误调整；②"＊""＊＊"和"＊＊＊"分别表示10%、5%和1%的显著性水平；③括号内报告值是T统计量。

5.4.3.3　高管晋升激励

创新投资是一项具有高风险的经济活动，企业进行创新活动时往往具有前期研发投入多、研发结果不确定、研发成果转化周期长等风险，会增加高管被问责的可能性，进而削弱国有企业高管的创新投资意愿。容错纠错机制宽容国有企业高管在创新投资过程中的失败和错误，提高了对国有企业高管探索性失误的容忍度，在一定程度上缓解了国有企业高管的政治晋升担忧。因此，如果容错纠错机制的实施能够提高公司风险承担水平。那么，容错纠错机制的实施对国有企业创新投资的促进作用在公司高管晋升激励较强的样本中更加突出。

基于此，本章探讨了不同的高管晋升激励下，容错纠错机制的实施对国有企业创新投资的差异性影响。参考杨瑞龙等（2013）、叶永卫等（2021）的相关研究，采用公司拥有博士学位的高管占比衡量高管晋升激励（Promotion）。首先，根据高管晋升激励（Promotion）的中位数将全部样本划分为高管晋升激励强（Promotion = 1）和高管晋升激励弱（Promotion = 0）的两组样本；其次，对容错纠错机制与国有企业创新投资之间的关系进行分组回归，回归结果如表 5 - 6 所示。结果显示，在高管晋升激励强（Promotion = 1）的样本组中，容错纠错机制（FEM）的回归系数为 0.003，且在 10% 的水平上显著，而在高管晋升激励弱（Promotion = 0）的样本组中，容错纠错机制（FEM）的回归系数为 0.004，且未通过显著性测试，这表明当高管晋升激励较强时，容错纠错机制的实施对国有企业创新投资的激励效应更加突出，从而在一定程度上证实了容错纠错机制通过提高公司风险承担水平促进国有企业创新投资。

表 5 - 6　　　　　　　　　　　**基于高管晋升激励的异质性分析**

变量	高管晋升激励强	高管晋升激励弱
	RD	RD
FEM	0.003 * (1.84)	0.004 (1.58)
Size	- 0.001 ** (- 2.39)	0.000 (0.36)

变量	高管晋升激励强	高管晋升激励弱
	RD	RD
Lev	−0.015 ***	−0.018 ***
	(−3.43)	(−5.82)
Growth	−0.002 ***	−0.002 ***
	(−3.66)	(−2.86)
Top	−0.009 *	−0.005
	(−1.90)	(−1.30)
Establish	−0.010 ***	−0.010 ***
	(−3.95)	(−4.43)
Board	0.001	0.004 ***
	(0.70)	(2.63)
Share	0.001 ***	0.001 ***
	(3.22)	(3.72)
Dual	0.000	−0.001
	(0.06)	(−1.33)
年份效应	控制	控制
行业效应	控制	控制
常数项	0.064 ***	0.020 *
	(3.59)	(1.70)
样本量	5894	5895
调整后 R^2	0.506	0.460

注：①在公司层面进行聚类，并经过稳健的标准误调整；②" * "" ** "和" *** "分别表示 10%、5% 和 1% 的显著性水平；③括号内报告值是 T 统计量。

5.4.3.4 高管任期

高管是企业生产经营决策的主体，企业投资活动会受到高管个体行为特质和经历的影响（赖黎等，2017；姜付秀等，2009；王姝勋和董艳，2020）。

根据高阶理论，公司高管的认知能力和价值观等会在公司的战略决策中得到体现并发挥十分重要的作用（Hambrick and Mason，1984），任职年限作为高管人口学的重要特点之一，代表着高管的个人认知、偏好与信念，从而对企业研发投入、信息披露等产生重大影响（刘运国和刘雯，2007；田祥宇等，2018；许言等，2017）。现有研究表明，相较于任职期限较长的企业高管，任职期限较短的企业高管存在严重的职业生涯担忧，对风险更加厌恶，投资决策更加小心谨慎（Gibbons and Murphy，1992；王姝勋和董艳，2020）。罗知等（2015）研究发现，国有企业管理层任期越短，国有企业管理层越青睐较低风险的投资策略，越不愿意进行长期性投资。创新投资是一项具有高风险的经济活动，具有前期研发投入多、研发结果不确定、研发成果转化周期长等特点。但是，容错纠错机制可以宽容国有企业高管在创新投资过程中的失败和错误，提高了对国有企业高管探索性失误的容忍度，在一定程度上缓解了国有企业高管的职业生涯担忧。因此，如果容错纠错机制的实施能提高公司风险承担水平，那么当公司高管任期较短时，容错纠错机制对国有企业创新投资的激励效应更加突出。

基于此，本章探讨了不同的高管任期下，容错纠错机制的实施对国有企业创新投资的差异性影响。参考王姝勋和董艳（2020）、韩静等（2014）的相关研究，采用公司高管平均任期衡量高管任期（$Tenure$）。首先，根据高管任期（$Tenure$）的中位数将全部样本划分为高管任期长（$Tenure=1$）和高管任期短（$Tenure=0$）的两组样本；其次，对容错纠错机制与国有企业创新投资之间的关系进行分组回归，回归结果如表 5 − 7 所示。结果显示，在高管任期短（$Tenure=0$）的样本组中，容错纠错机制（FEM）的回归系数为 0.006，且在 1% 的水平上显著，而在高管任期长（$Tenure=1$）的样本组中，容错纠错机制（FEM）的回归系数为 0.003，且未通过显著性测试，这表明当高管任期短时，容错纠错机制对国有企业创新投资的促进作用更加明显，从而在一定程度上证实了容错纠错机制通过提高公司风险承担水平促进国有企业创新投资。

表 5 - 7 基于高管任期的异质性分析

变量	高管任期长	高管任期短
	RD	RD
FEM	0.003	0.006 ***
	(1.36)	(3.06)
Size	−0.002 ***	−0.001 **
	(−3.07)	(−2.25)
Lev	−0.018 ***	−0.022 ***
	(−5.45)	(−5.25)
Growth	−0.002 **	−0.002 ***
	(−2.43)	(−2.91)
Top	−0.009 **	−0.014 ***
	(−2.26)	(−3.01)
Establish	−0.008 ***	−0.011 ***
	(−3.95)	(−4.01)
Board	0.002	0.001
	(1.34)	(0.40)
Share	0.002 ***	0.001 ***
	(4.63)	(4.03)
Dual	0.000	−0.000
	(0.15)	(−0.22)
年份效应	控制	控制
行业效应	控制	控制
常数项	0.060 ***	0.063 ***
	(4.94)	(4.81)
样本量	5996	5793
调整后 R^2	0.398	0.399

注：①在公司层面进行聚类，并经过稳健的标准误调整；②"＊""＊＊"和"＊＊＊"分别表示 10%、5%和1%的显著性水平；③括号内报告值是 T 统计量。

5.4.4　作用机制分析

前面的回归结果证实了容错纠错机制的实施对国有企业创新投资具有显著的促进作用，并且在行业竞争程度低、地区法治环境差、高管晋升激励强、高管任期短的分组中更加明显，这在一定程度上表明容错纠错机制的实施通过提高公司治理水平和公司风险承担水平，从而促进了国有企业创新投资。为了进一步提供更可靠的证据，本章接下来直接检验公司治理机制和风险承担机制，以揭示容错纠错机制如何影响国有企业创新投资。

5.4.4.1　公司治理机制

根据前面的理论分析，国有企业存在严重的委托代理问题。主要原因在于：一方面，国有企业管理层一般由政府直接任命（Chen et al.，2008），国有企业的股东缺乏动机直接有效监督职业经理人对企业的日常运营管理（杨瑞龙，1997）；另一方面，由于国有企业高管面临着严格的薪酬管制（陈冬华等，2005），以薪酬为主的激励机制不能发挥其应有的作用（李新春等，2006）。但是，容错纠错机制的实施可以对国有企业管理层进行更为有效的监督，在一定程度上约束国有企业管理层的行为，减少国有企业管理层谋取私利和失职渎职问题，从而促进国有企业创新投资。如果容错纠错机制可以通过公司治理机制发挥作用。那么，在公司治理水平较低的企业中，容错纠错机制的实施对创新投资的促进效应会更加明显。

为了检验这一机制，参考昂等（Ang et al.，2000）、李寿喜（2007）、陈克兢等（2020）的研究，采用管理费用率衡量公司治理水平（*Governance*）。首先，根据公司治理水平（*Governance*）的中位数将全部样本划分为公司治理水平低（*Governance* = 1）和公司治理水平高（*Governance* = 0）的两组样本；其次，对容错纠错机制与国有企业创新投资之间的关系进行分组回归，回归结果如表 5 – 8 所示。结果显示，在公司治理水平低（*Governance* = 1）的样本组中，容错纠错机制（*FEM*）的回归系数为 0.005，且在 5% 的水平上显著，而在公司治理水平高（Governance =0）的样本组中，容错纠错机制（FEM）的回归系数为 0.002，且未通过显著性测试，这表明容错纠错机制对国有企业创新投资的促进作用在公司治理水平低的企业中更明显，从而直接验证了公司治理机制。

表 5-8 公司治理作用机制分析

变量	公司治理水平低	公司治理水平高
	RD	RD
FEM	0.005 ** (2.08)	0.002 (1.37)
Size	-0.000 (-0.26)	-0.001 *** (-2.78)
Lev	-0.024 *** (-5.34)	-0.009 *** (-3.40)
Growth	-0.002 ** (-2.11)	-0.001 ** (-2.08)
Top	-0.014 ** (-2.46)	-0.006 ** (-2.27)
Establish	-0.010 *** (-3.19)	-0.007 *** (-4.27)
Board	0.001 (0.52)	0.000 (0.21)
Share	0.001 *** (4.50)	0.000 ** (2.25)
Dual	-0.000 (-0.18)	0.000 (0.13)
年份效应	控制	控制
行业效应	控制	控制
常数项	0.038 ** (2.07)	0.044 *** (4.70)
样本量	5895	5894
调整后 R^2	0.386	0.433

注：①在公司层面进行聚类，并经过稳健的标准误调整；②"*""**"和"***"分别表示 10%、5% 和 1% 的显著性水平；③括号内报告值是 T 统计量。

5.4.4.2　风险承担机制

根据前面的理论分析，国有企业管理层不愿承担较高的风险和实施较高风险的投资活动。主要原因在于：国有企业管理层承担的风险和获得的收益是不对等的，管理层承担高风险获得的高收益由股东所有，但管理层要承受风险乃至失败导致的严重后果。但是，容错纠错机制的实施可以宽容国有企业管理层在创新投资过程中出现的失败和挫折，提高了国有企业管理层的风险承担意愿，解决了国有企业管理层的后顾之忧，从而促进了国有企业创新投资。如果容错纠错机制的实施可以通过风险承担机制发挥作用。那么，容错纠错机制的实施对国有企业创新投资的促进效应会在公司风险承担低的样本中更加明显。

为了检验这一机制，参考约翰等（John et al.，2008）、苏坤（2016）的相关研究，采用公司在 3 年内经行业均值调整的净资产收益率标准差衡量公司风险承担（Risk）。首先，根据公司风险承担（Risk）的中位数将全部样本划分为公司风险承担高（Risk = 1）和公司风险承担低（Risk = 0）的两组样本；其次，对容错纠错机制与国有企业创新投资之间的关系进行分组回归，回归结果如表 5 - 9 所示。结果显示，在公司风险承担低（Risk = 0）的样本组中，容错纠错机制（FEM）的回归系数为 0.004，且在 5% 的水平上显著，而在公司风险承担高（Risk = 1）的样本组中，容错纠错机制（FEM）的回归系数为 0.003，且未通过显著性测试，这表明在公司风险承担较低的企业中，容错纠错机制的实施对国有企业创新投资的激励效应更加突出，从而直接验证了风险承担机制。

表 5 - 9　　　　　　　　　　风险承担作用机制分析

变量	公司风险承担高	公司风险承担低
	RD	RD
FEM	0.003	0.004 **
	(1.63)	(2.31)
Size	- 0.000	- 0.001
	(- 0.37)	(- 1.58)

变量	公司风险承担高	公司风险承担低
	RD	*RD*
Lev	-0.017 ***	-0.017 ***
	(-4.90)	(-4.45)
Growth	-0.002 ***	-0.002 *
	(-3.98)	(-1.94)
Top	-0.011 ***	-0.004
	(-2.88)	(-0.94)
Establish	-0.009 ***	-0.011 ***
	(-3.95)	(-4.59)
Board	0.003 **	0.003
	(2.05)	(1.50)
Share	0.001 ***	0.001 ***
	(2.82)	(3.92)
Dual	-0.000	-0.001
	(-0.27)	(-0.80)
年份效应	控制	控制
行业效应	控制	控制
常数项	0.036 ***	0.038 ***
	(2.91)	(3.20)
样本量	5876	5913
调整后 R^2	0.464	0.516

注：①在公司层面进行聚类，并经过稳健的标准误调整；②"*""**"和"***"分别表示 10%、5%和1%的显著性水平；③括号内报告值是 T 统计量。

5.4.5　稳健性检验

为了得到更稳健的回归结果，本章分别采用了平行趋势检验、安慰剂检验、仅以中央国有企业为处理组、替换创新投资的衡量方式、用专利申请量衡量创新产出、按照省份层面聚类、固定效应模型、控制行业随时间变化、缩短样本期间、删除观测期内未实施容错纠错机制的样本、前置一期创新投资、排除替代性解释等方法进行稳健性检验。

5.4.5.1 平行趋势检验

在建立双重差分模型时，需要实验组和对照组在容错纠错机制的实施之前满足平行趋势假设，即在容错纠错机制的实施之前，两组企业的创新投资呈现相同的变化趋势。因此，本章参考贝克等（Beck et al.，2010）、张训常等（2021）、辛宇等（2022）的相关研究，构建如下实证模型（5-2）：

$$RD_{i,t} = \beta_0 + \sum_{k \geq -9}^{3+} \delta_k FEM_{i,t_{c0}+k} + Controls_{i,t} + Year + Industry + \varepsilon_{i,t}$$

$$(5-2)$$

其中，t_{c0} 表示容错纠错机制建立的年份；$FEM_{i,tc0}$ 表示容错纠错机制的实施前后几个时期的虚拟变量，即当 $t - t_{c0} = k$ 时（$k = -9$，-8，-7，-6，-5，-4，-3，-2，-1，0，1，2，$3+$），$FEM_{i,tc0+k}=1$，否则 $FEM_{i,tc0+k}=0$。通过模型（5-2）估计得到的 δ_k 表示实验组和对照组创新投资随时间变化的趋势，估计结果如表 5-10 所示。结果显示，容错纠错机制的实施前 9 期 $FEM_{(容错纠错机制实施当年+k)}$（$k = -9$，-8，-7，-6，-5，-4，-3，-2，-1）的回归系数均未通过显著性测试，在实施容错纠错机制以后的年份中，$FEM_{(容错纠错机制实施当年+k)}$（$k = 0$，1，2，$3+$）的回归系数至少在 10% 的水平上显著为正，从而验证了平行趋势假设。

表 5-10　　　　　　平行趋势检验

变量	RD
$FEM_{(容错纠错机制实施当年-9)}$	-0.005 (-1.54)
$FEM_{(容错纠错机制实施当年-8)}$	-0.001 (-0.40)
$FEM_{(容错纠错机制实施当年-7)}$	-0.003 (-0.91)

变量	RD
$FEM_{(容错纠错机制实施当年-6)}$	-0.002
	(-0.54)
$FEM_{(容错纠错机制实施当年-5)}$	-0.002
	(-0.58)
$FEM_{(容错纠错机制实施当年-4)}$	-0.000
	(-0.06)
$FEM_{(容错纠错机制实施当年-3)}$	0.000
	(0.13)
$FEM_{(容错纠错机制实施当年-2)}$	0.003
	(0.79)
$FEM_{(容错纠错机制实施当年-1)}$	0.005
	(1.36)
$FEM_{(容错纠错机制实施当年)}$	0.007^*
	(1.85)
$FEM_{(容错纠错机制实施当年+1)}$	0.009^{**}
	(2.18)
$FEM_{(容错纠错机制实施当年+2)}$	0.010^{**}
	(2.28)
$FEM_{(容错纠错机制实施3年以后)}$	0.013^{***}
	(2.64)
$Size$	-0.001^{***}
	(-3.18)
Lev	-0.020^{***}
	(-6.23)
$Growth$	-0.002^{***}
	(-3.72)
Top	-0.011^{***}
	(-3.16)

续表

变量	RD
Establish	−0.010 *** (−4.60)
Board	0.001 (0.90)
Share	0.001 *** (5.36)
Dual	−0.000 (−0.13)
年份效应	控制
行业效应	控制
常数项	0.064 *** (5.54)
样本量	11789
调整后 R²	0.401

注：①在公司层面进行聚类，并经过稳健的标准误调整；②"*""**"和"***"分别表示10%、5%和1%的显著性水平；③括号内报告值是 T 统计量。

5.4.5.2　安慰剂检验

为了排除公司自身特征对本章实证结果的影响，本章借鉴胡宁等（2019）、陈运森等（2022）的相关做法，将容错纠错机制的实施时间分别向前推 4 年和 5 年，使用虚拟的容错纠错机制的实施时间进行安慰剂检验。在安慰剂检验中保持实验组和对照组样本公司与前文研究一样，如果本章的回归结果是公司之间的固有差异导致，那么使用虚拟的容错纠错机制的实施时间也能得到相同的结果。在表 5 – 11 中，第（1）列和第（2）列分别表示将容错纠错机制的实施时间向前推 4 年、5 年的回归结果。实证检验结果显示，容错纠错机制（*FEM*）的回归系数均未通过显著性测试，这说明虚拟的容错纠错机制并没有明显影响国有企业创新投资。

表 5 –11 安慰剂检验

变量	(1) RD	(2) RD
FEM	0. 002 (1. 45)	0. 001 (0. 97)
Size	− 0. 001 (− 1. 38)	− 0. 001 (− 1. 38)
Lev	− 0. 017 *** (− 6. 03)	− 0. 017 *** (− 6. 03)
Growth	− 0. 002 *** (− 4. 45)	− 0. 002 *** (− 4. 44)
Top	− 0. 008 ** (− 2. 33)	− 0. 008 ** (− 2. 34)
Establish	− 0. 010 *** (− 5. 09)	− 0. 010 *** (− 5. 10)
Board	0. 003 ** (2. 35)	0. 003 ** (2. 36)
Share	0. 001 *** (4. 20)	0. 001 *** (4. 20)
Dual	− 0. 001 (− 0. 70)	− 0. 001 (− 0. 70)
年份效应	控制	控制
行业效应	控制	控制
常数项	0. 039 *** (3. 68)	0. 039 *** (3. 68)
样本量	11789	11789
调整后 R^2	0. 487	0. 487

注：①在公司层面进行聚类，并经过稳健的标准误调整；②" * "" ** "和" *** "分别表示10%、5%和1%的显著性水平；③括号内报告值是 T 统计量。

5.4.5.3 仅以中央国有企业为处理组

各地区容错纠错机制的实施可能存在选择性偏误引起的内生性问题，即各地政府在推行容错纠错机制时有一定的自主选择权。由于中央层面的容错纠错机制从 2016 年开始实施，在推行容错纠错机制上不存在自主选择权，因此，可以在一定程度上缓解选择性偏误引起的内生性问题。本章借鉴张训常等（2021）的相关研究，以中央国有企业为处理组、以非国有企业为控制组对实证模型（5－1）进行重新估计，回归结果如表 5－12 所示。结果显示，容错纠错机制（*FEM*）的回归系数为 0.003，且在 10% 的水平上显著为正，表明即使只考虑中央层面的容错纠错机制，容错纠错机制依然对中央国有企业的创新投资具有促进作用，从而说明本章的主要结论不受选择性偏误的影响。

表 5－12　　　　　　仅以中央国有企业为处理组

变量	RD
FEM	0.003 *
	(1.69)
Size	−0.001
	(−1.19)
Lev	−0.039 ***
	(−13.71)
Growth	−0.003 ***
	(−6.52)
Top	−0.016 ***
	(−4.50)
Establish	−0.012 ***
	(−7.32)
Board	−0.001
	(−0.63)
Share	0.000 ***
	(5.37)
Dual	0.005 ***
	(4.75)
年份效应	控制
行业效应	控制

续表

变量	RD
常数项	0.060 ***
	(5.13)
样本量	24526
调整后 R²	0.360

注：①在公司层面进行聚类，并经过稳健的标准误调整；②"*""**"和"***"分别表示10%、5%和1%的显著性水平；③括号内报告值是 T 统计量。

5.4.5.4　替换创新投资的衡量方式

本章借鉴周铭山和张倩倩（2016）、陈克兢等（2020）、马永强等（2022）的相关做法，利用企业当年创新投入与总资产的比值衡量创新投资（RD）来进行稳健性测试，回归结果如表 5 - 13 所示。结果显示，容错纠错机制（FEM）的回归系数为 0.002，且在 1% 的水平上显著为正，这说明替换创新投资的衡量方式之后，本章的主要结论依然成立。

表 5 - 13　　　　　　替换创新投资的衡量方式

变量	RD
FEM	0.002 ***
	(2.72)
Size	- 0.001 **
	(- 2.44)
Lev	- 0.007 ***
	(- 4.57)
Growth	0.000
	(1.23)
Top	- 0.001
	(- 0.34)
Establish	- 0.003 ***
	(- 3.15)

续表

变量	RD
Board	-0.000
	(-0.13)
Share	0.000 ***
	(3.56)
Dual	-0.001
	(-0.84)
年份效应	控制
行业效应	控制
常数项	0.022 ***
	(3.74)
样本量	11789
调整后 R^2	0.400

注：①在公司层面进行聚类，并经过稳健的标准误调整；②"*""**"和"***"分别表示10%、5%和1%的显著性水平；③括号内报告值是 T 统计量。

5.4.5.5　用专利申请量衡量创新产出

前面已使用企业当年研发投入与营业收入的比值，以及企业当年研发投入与总资产的比值来衡量创新投资，为了进一步探讨容错纠错机制对国有企业创新产出的影响，本章借鉴黎文靖等（2021）、马永强等（2022）、陈克兢等（2020）、何和田（He and Tian，2013）的相关研究，利用专利申请量衡量创新产出对上述问题进行检验，Total、Inva、Uma 分别表示专利申请总数加 1 取对数、发明专利申请量加 1 取对数、实用新型专利申请量加 1 取对数，回归结果如表 5 - 14 所示。结果显示，第（1）列 ~ 第（3）列容错纠错机制（FEM）的回归系数分别为 0.253、0.308 和 0.146，且至少在 5% 的水平上显著为正，表明容错纠错机制的实施显著提高了国有企业创新产出。

表 5 - 14   **用专利申请量衡量创新产出**

变量	(1) Total	(2) Inva	(3) Uma
FEM	0.253 *** (3.17)	0.308 *** (4.13)	0.146 ** (1.99)
Size	0.679 *** (26.46)	0.614 *** (23.96)	0.557 *** (23.58)
Lev	−0.660 *** (−4.20)	−0.806 *** (−5.57)	−0.287 ** (−2.06)
Growth	0.002 (0.06)	0.018 (0.73)	−0.008 (−0.33)
Top	−0.230 (−1.07)	−0.267 (−1.34)	−0.066 (−0.34)
Establish	−0.163 (−1.54)	−0.170 * (−1.68)	0.250 ** (−2.45)
Board	−0.046 (−0.53)	−0.030 (−0.37)	−0.034 (−0.44)
Manageshare	0.001 (0.16)	−0.002 (−0.27)	−0.005 (−0.79)
Dual	−0.024 (−0.35)	−0.018 (−0.26)	−0.053 (−0.85)
年份效应	控制	控制	控制
行业效应	控制	控制	控制
常数项	−13.047 *** (−21.18)	−12.031 *** (−19.95)	−10.882 *** (−19.07)
样本量	11771	11771	11771
调整后 R^2	0.565	0.529	0.538

注：①在公司层面进行聚类，并经过稳健的标准误调整；②"*""**"和"***"分别表示10%、5%和1%的显著性水平；③括号内报告值是T统计量。

5.4.5.6 按照省份层面聚类

前面的回归结果已经在企业层面进行聚类并经过稳健的标准误调整，本章借鉴万丛颖等（2022）、张训常等（2021）的做法，采用省级聚类稳健标准误进行显著性分析，回归结果如表 5 – 15 所示。结果显示，容错纠错机制（*FEM*）的回归系数为 0.005，且在 1% 的水平上显著为正，这说明在省份层面进行聚类之后，本章的研究结论依然成立。

表 5 – 15　　　　　　　　　　　　按照省份层面聚类

变量	RD
FEM	0.005 ***
	(3.40)
Size	− 0.001 ***
	(− 3.18)
Lev	− 0.020 ***
	(− 4.55)
Growth	− 0.002 ***
	(− 5.73)
Top	− 0.011 ***
	(− 2.92)
Establish	− 0.010 ***
	(− 4.75)
Board	0.001
	(1.24)
Share	0.001 ***
	(5.63)
Dual	− 0.000
	(− 0.17)
年份效应	控制
行业效应	控制
常数项	0.062 ***
	(6.12)
样本量	11773
调整后 R²	0.399

注：①在省份层面进行聚类，并经过稳健的标准误调整；②"＊""＊＊"和"＊＊＊"分别表示 10%、5% 和 1% 的显著性水平；③括号内报告值是 T 统计量。

5.4.5.7　固定效应模型

虽然本章在实证模型中控制了很多与企业相关的变量，但是仍可能存在一些因素被遗漏在模型之外。因此，本章借鉴陈克兢等（2020）的做法，采用固定效应模型进行重新估计，回归结果如表 5 - 16 所示。结果显示，容错纠错机制（FEM）的回归系数为 0.001，且在 5% 的水平上显著，这意味着在实证模型中控制个体固定效应之后，本章的研究结论依然稳健。

表 5 - 16　　　　　　固定效应模型

变量	RD
FEM	0.001 **
	(2.11)
Size	0.001
	(0.72)
Lev	- 0.007 **
	(- 2.09)
Growth	- 0.003 ***
	(- 6.58)
Top	- 0.006
	(- 1.23)
Establish	- 0.002
	(- 0.58)
Board	- 0.002
	(1.39)
Share	- 0.000
	(- 0.67)
Dual	- 0.001
	(- 0.61)
年份效应	控制
公司效应	控制

续表

变量	RD
常数项	0.000
	(0.01)
样本量	11789
调整后 R²	0.132

注：①在公司层面进行聚类，并经过稳健的标准误调整；②" * "" ** "和" *** "分别表示 10%、5%和1%的显著性水平；③括号内报告值是 T 统计量。

5.4.5.8　控制行业随时间的变化

前面的实证模型中已经考虑了年份和行业差异性对国有企业创新投资的影响，但为了进一步控制行业随时间的变化，本章借鉴潘越等（2019）的做法，对容错纠错机制与国有企业创新投资之间的关系进行重新回归，实证结果如表5-17所示。结果显示，容错纠错机制（FEM）的回归系数为0.005，且在1%的水平上显著为正，这说明在控制了行业随时间的变化之后，本章的主要结论依然成立。

表 5-17　　　　　　　　控制行业随时间的变化

变量	RD
FEM	0.005 ***
	(2.62)
Size	-0.001 ***
	(-3.14)
Lev	-0.019 ***
	(-6.06)
Growth	-0.002 ***
	(-4.00)
Top	-0.010 ***
	(-2.78)
Establish	-0.010 ***
	(-4.61)

变量	RD
Board	0.001
	(0.75)
Share	0.001 ***
	(5.09)
Dual	−0.000
	(−0.18)
年份效应	控制
行业效应	控制
行业×时间	控制
常数项	0.066 ***
	(6.00)
样本量	11789
调整后 R^2	0.413

注：①在公司层面进行聚类，并经过稳健的标准误调整；②"*""**"和"***"分别表示10%、5%和1%的显著性水平；③括号内报告值是 T 统计量。

5.4.5.9 缩短样本期间

在探讨容错纠错机制与国有企业创新投资之间关系时，本章选取的样本期间为 2010~2021 年，这个样本期间跨度较长，可能存在较多影响国有企业创新投资的干扰因素。因此，本章将样本期间缩短为 2012~2021 年，并进行重新估计，回归结果如表 5-18 所示。实证结果显示，容错纠错机制（FEM）的回归系数为 0.004，且在 1% 的水平上显著，这说明在缩短样本期间之后，本章的主要结论依然成立。

表 5-18　　　　　　　　　　缩短样本期间

变量	RD
FEM	0.004 ***
	(2.67)
Size	−0.001 ***
	(−2.90)

续表

变量	RD
Lev	− 0. 020 ***
	(− 5. 63)
Growth	− 0. 002 ***
	(− 4. 23)
Top	− 0. 013 ***
	(− 3. 08)
Establish	− 0. 010 ***
	(− 3. 92)
Board	0. 001
	(0. 30)
Share	0. 001 ***
	(4. 84)
Dual	0. 000
	(0. 07)
年份效应	控制
行业效应	控制
常数项	0. 076 ***
	(5. 92)
样本量	9933
调整后 R^2	0. 401

注：①在公司层面进行聚类，并经过稳健的标准误调整；②" * "" ** "和" *** "分别表示
10% 、5% 和 1% 的显著性水平；③括号内报告值是 T 统计量。

5.4.5.10   删除观测期内未实施容错纠错机制的样本

考虑到某些城市实际上已经实施了容错纠错机制，但可能未对外公开实施容错纠错机制的政策文件，如果不将这些样本从控制组中删除，可能会干扰本章的研究结果。因此，本章将这些样本从控制组中删除，对实证模型（5 - 1）进行了重新估计，回归结果如表 5 - 19 所示。实证结果显示，容错纠错机制（*FEM*）的回归系数为 0. 005，且在 1% 的水平上显著为正，这说

明在删除观测期内未实施容错纠错机制的样本之后，本章的研究结论依然成立。

表 5 – 19　　　　　　　删除观测期内未实施容错纠错机制的样本

变量	RD
FEM	0.005 ***
	(2.93)
Size	− 0.001 ***
	(− 3.03)
Lev	− 0.020 ***
	(− 6.27)
Growth	− 0.002 ***
	(− 3.65)
Top	− 0.012 ***
	(− 3.38)
Establish	− 0.010 ***
	(− 4.65)
Board	0.001
	(0.86)
Share	0.001 ***
	(5.25)
Dual	− 0.000
	(− 0.23)
年份效应	控制
行业效应	控制
常数项	0.062 ***
	(5.59)
样本量	11644
调整后 R^2	0.400

　　注：①在公司层面进行聚类，并经过稳健的标准误调整；②" * "" ** "和" *** "分别表示 10%、5%和1%的显著性水平；③括号内报告值是 T 统计量。

5.4.5.11　前置一期创新投资

前面已经证实容错纠错机制的实施对国有企业创新投资具有促进作用，但容错纠错机制的实施有可能对未来几期的创新投资也产生影响。因此，本章将国有企业创新投资前置一期对实证模型（5－1）进行重新回归，回归结果如表 5－20 所示。实证检验的结果显示，容错纠错机制（ *FEM* ）的回归系数为 0.004，且在 5% 的水平上显著为正，这说明在对创新投资进行前置一期后，本章的主要研究结论依然成立。

表 5－20　　　　　　　　　　前置一期创新投资

变量	RD
FEM	0.004 **
	(2.53)
Size	− 0.001 ***
	(− 2.83)
Lev	− 0.021 ***
	(− 6.30)
Growth	− 0.000
	(− 0.36)
Top	− 0.013 ***
	(− 3.41)
Establish	− 0.009 ***
	(− 4.50)
Board	− 0.000
	(− 0.05)
Share	0.001 ***
	(4.47)
Dual	0.000
	(0.09)
年份效应	控制
行业效应	控制

续表

变量	RD
常数项	0.063 ***
	(5.50)
样本量	10450
调整后 R^2	0.390

注：①在公司层面进行聚类，并经过稳健的标准误调整；②"*""**"和"***"分别表示10%、5%和1%的显著性水平；③括号内报告值是 T 统计量。

5.4.5.12 排除替代性解释

税收优惠对企业创新的促进效应得到了部分学者的验证（孔军和原靖换，2021；胡华夏等，2017；陈玲和杨文辉，2017；Parisi and Sembenelli，2003；程瑶和闫慧慧，2018）。近年来，我国政府出台了一系列的税收优惠政策。例如，财政部、国家税务总局《关于全面推开营业税改征增值税试点的通知》和财政部、税务总局《关于调整增值税税率的通知》。为了证明不是这些税收优惠政策导致国有企业创新投资水平的提升，本章采用应缴增值税与应缴营业税之和与营业收入的比值来衡量企业的实际税负（*Taxation*），并将其作为控制变量放入实证模型（5-1）中进行重新估计，回归结果如表5-21所示。结果显示，容错纠错机制（*FEM*）的回归系数为0.005，且在1%的水平上显著为正，这说明在控制这些税收优惠政策之后，本章的主要结论依然成立。

表5-21 **排除替代性解释**

变量	RD
FEM	0.005 ***
	(2.99)
Taxation	-0.034
	(-1.49)
Size	-0.002 ***
	(-3.36)

续表

变量	RD
Lev	−0.020 ***
	(−6.12)
Growth	−0.002 ***
	(−3.47)
Top	−0.011 ***
	(−3.01)
Establish	−0.010 ***
	(−4.65)
Board	0.001
	(0.94)
Share	0.001 ***
	(5.34)
Dual	−0.000
	(−0.36)
年份效应	控制
行业效应	控制
常数项	0.066 ***
	(5.96)
样本量	11440
调整后 R^2	0.401

注：①在公司层面进行聚类，并经过稳健的标准误调整；②"*""**"和"***"分别表示 10%、5% 和 1% 的显著性水平；③括号内报告值是 T 统计量。

5.4.6　拓展性分析

本章之前的研究结果显示，容错纠错机制的实施通过提高公司治理水平和公司风险承担水平显著促进了国有企业创新投资。在拓展性分析部分中，本章进一步探讨容错纠错机制的实施对不同层级国有企业创新投资的影响、对国有企业内部投资的影响差异、对国有企业创新效率的影响，以及对国有企业创新后绩效的影响，从而丰富本章的回归结果和研究结论。

5.4.6.1　容错纠错机制的实施对不同层级国有企业创新投资的影响

为了探讨容错纠错机制的实施对中央国有企业、省属国有企业和市属国有企业的创新投资是否都有影响，本章进一步将容错纠错机制（*FEM*）拆分为 *FEM* × *CentralSOE*、*FEM* × *ProvinceSOE* 和 *FEM* × *CitySOE*，用来分别反映容错纠错机制对中央国有企业、省属国有企业和市属国有企业的经济效应。其中，*CentralSOE*、*ProvinceSOE* 和 *CitySOE* 分别代表是否为中央国有企业、省属国有企业和市属国有企业的虚拟变量，回归结果如表 5 - 22 所示。实证检验结果显示，*FEM* × *CentralSOE*、*FEM* × *ProvinceSOE* 和 *FEM* × *CitySOE* 的回归系数分别为 0.009、0.005 和 0.005，且至少在 5% 的水平上显著为正，这表明容错纠错机制的实施对中央国有企业、省属国有企业和市属国有企业的创新投资水平均具有显著的提升作用。

表 5 - 22　　　容错纠错机制对不同层级国有企业创新投资的影响

变量	RD
FEM × *CentralSOE*	0.009 *** (4.27)
FEM × *ProvinceSOE*	0.005 ** (2.30)
FEM × *CitySOE*	0.005 ** (2.33)
Size	-0.002 *** (-3.35)
Lev	-0.019 *** (-6.04)
Growth	-0.002 *** (-3.76)
Top	-0.011 *** (-3.03)
Establish	-0.009 *** (-4.46)

续表

变量	*RD*
Board	0.001 (0.90)
Share	0.001 *** (5.55)
Dual	−0.000 (−0.14)
年份效应	控制
行业效应	控制
常数项	0.062 *** (5.68)
样本量	11789
调整后 R²	0.404

注：①在公司层面进行聚类，并经过稳健的标准误调整；②" * "" ** "和" *** "分别表示10%、5%和1%的显著性水平；③括号内报告值是 T 统计量。

5.4.6.2　容错纠错机制的实施对国有企业内部投资的影响差异

前面的结果表明，容错纠错机制的实施显著促进了国有企业的固定资产投资和创新投资。为了检验容错纠错机制对国有企业内部投资的影响差异，本章利用创新投资增加额与固定资产投资增加额的差值（*INTER*）作为被解释变量，对实证模型（5 - 1）进行重新估计，回归结果如表 5 - 23 所示。结果显示，容错纠错机制（*FEM*）的回归系数为 0.259，且在 5% 水平上显著为正，表明容错纠错机制的实施对创新投资增加额与固定资产投资增加额的差值具有显著的提升作用，从而说明相较于国有企业的固定资产投资，容错纠错机制的实施对具有更高风险的国有企业创新投资影响更大。

表 5 - 23　　　　容错纠错机制对国有企业内部投资的差异性影响

变量	*INTER*
FEM	0.259 ** (1.99)

变量	*INTER*
Size	−0.472 *** (−12.42)
Lev	0.026 (0.20)
Growth	−0.882 *** (−5.52)
Top	−0.366 (−1.43)
Establish	0.232 * (1.92)
Board	−0.044 (−0.41)
Share	0.005 (1.05)
Dual	−0.069 (−0.81)
年份效应	控制
行业效应	控制
常数项	9.774 *** (11.13)
样本量	11536
调整后 R^2	0.079

注：①在公司层面进行聚类，并经过稳健的标准误调整；②" * "" ** "和" *** "分别表示10%、5%和1%的显著性水平；③括号内报告值是 T 统计量。

5.4.6.3 容错纠错机制的实施对国有企业创新效率的影响

前面的结果表明，容错纠错机制的实施不仅显著促进了国有企业创新投资，而且明显提升了国有企业创新专利产出水平，具体表现为国有企业发明专利申请数量和实用新型专利申请数量均显著增加。那么，容错纠错机制的实施对国有企业创新效率有什么影响呢？吴延兵（2012）研究指出，国有企业存在预算软约束和严重的委托代理问题。因此，国有企业不仅存在创新效率损失，而且还存在生产效率损失。一方面，容错纠错机制进一步健全和完善国有企业创新投资和实施创新驱动发展战略的纠错制度，将纠错工作流程纳入对国有企业管理层行为的平时审查中，强化对国有企业管理层权力运行的日常监督和约束，从而降低国有企业的代理成本；另一方面，国有企业管理层在加快科技成果转化过程中同时满足和符合相应条件可以进行容错。例如，《珠海市市属国有企业改革发展容错纠错实施办法（试行）》明确规定，在实施创新驱动发展战略、全方位推进企业创新、加快科技成果转化的过程中，出现失误但竭尽全力消除影响的，可以在满足容错条件时对国有企业管理层进行容错免责。因此，本章预期容错纠错机制的实施会提升国有企业创新效率。

为了检验容错纠错机制的实施对国有企业创新效率的影响，本章借鉴赫舒拉发等（Hirshleifer et al.，2013）、陈克兢等（2020）的相关做法，利用创新投入产出比衡量创新效率对上述问题进行检验，*EffTotal*、*EffInva*、*EffUmaDesa* 分别表示专利申请总数加 1 取对数与滞后 2 期研发投入加 1 取对数的比值、发明专利申请量加 1 取对数与滞后 2 期研发投入加 1 取对数的比值、非发明专利申请量加 1 取对数与滞后 2 期研发投入加 1 取对数的比值，回归结果如表 5 – 24 所示。实证检验结果显示，第（1）列 ~ 第（3）列容错纠错机制（*FEM*）的回归系数分别为 0.016、0.018 和 0.010，且至少在 5% 水平上显著为正，表明容错纠错机制的实施显著提升了国有企业的创新效率。

表 5 – 24　　　　　　　容错纠错机制对国有企业创新效率的影响

变量	(1) *EffTotal*	(2) *EffInva*	(3) *EffUmaDesa*
FEM	0.016 *** (3.53)	0.018 *** (4.59)	0.010 ** (2.32)
Size	0.024 *** (14.90)	0.022 *** (16.27)	0.021 *** (14.75)
Lev	− 0.020 ** (− 2.21)	− 0.030 *** (− 3.80)	− 0.009 (− 1.08)

变量	（1） *EffTotal*	（2） *EffInva*	（3） *EffUmaDesa*
Growth	0.001	0.001	0.000
	(0.39)	(0.91)	(0.30)
Top	-0.018	-0.020 **	-0.008
	(-1.53)	(-2.02)	(-0.80)
Establish	-0.008	-0.008 *	-0.007
	(-1.52)	(-1.67)	(-1.40)
Board	0.005	0.005	0.002
	(1.15)	(1.24)	(0.49)
Share	-0.000	-0.000	-0.000
	(-0.70)	(-1.14)	(-0.54)
Dual	-0.007	-0.005	-0.006 *
	(-1.62)	(-1.44)	(-1.66)
年份效应	控制	控制	控制
行业效应	控制	控制	控制
常数项	-0.488 ***	-0.469 ***	-0.448 ***
	(-13.36)	(-14.86)	(-13.36)
样本量	11789	11789	11789
调整后 R^2	0.467	0.451	0.445

注：①在公司层面进行聚类，并经过稳健的标准误调整；②" * "" ** "和" *** "分别表示10%、5%和1%的显著性水平；③括号内报告值是 T 统计量。

5.4.6.4 容错纠错机制的实施对国有企业创新后绩效的影响

前面的回归结果显示，容错纠错机制通过缓解委托代理问题和提高公司风险承担水平，从而促进了国有企业创新投资。那么，这一机制会如何影响企业价值？借鉴周铭山和张倩倩（2016）的做法，本章利用 *TobinQ* 衡量企业价值，并将其作为被解释变量来实证检验容错纠错机制的实施对国有企业创新后绩效的影响，回归结果如表 5-25 所示。实证检验结果显示，容错纠错机制与创新投资的交互项（*FEM × RD*）在 10% 的水平上显著为正，这表明容错纠错机制的实施通过促进国有企业创新投资，显著提升了国有企业的市场价值。

表 5 - 25　　　　容错纠错机制对国有企业创新后绩效的影响

变量	TobinQ
FEM	0.103
	(1.55)
RD	2.954***
	(2.64)
FEM × RD	2.001*
	(1.75)
Size	-0.382***
	(-11.40)
Lev	-0.826***
	(-4.37)
Growth	0.137***
	(4.36)
Top	-0.045
	(-0.29)
Establish	0.052
	(0.69)
Board	0.060
	(1.00)
Share	0.003
	(0.31)
Dual	-0.055
	(-0.86)
年份效应	控制
行业效应	控制
常数项	11.162***
	(16.03)
样本量	11585
调整后 R^2	0.308

注：①在公司层面进行聚类，并经过稳健的标准误调整；②"*""**"和"***"分别表示 10%、5% 和 1% 的显著性水平；③括号内报告值是 T 统计量。

5.5　本章小结

　　本章采用 2010~2021 年我国 A 股国有上市公司数据，探讨了容错纠错机制的实施与国有企业创新投资之间的关系。结果显示：总体而言，容错纠错机制的实施对国有企业创新投资水平具有明显的激励效应；异质性分析结果表明，在行业竞争程度较低、地区法治环境较差、高管晋升激励较强和高管任期较短的分组中，容错纠错机制的实施对国有企业创新投资的促进作用更加明显；作用机制分析结果表明，容错纠错机制通过公司治理机制和风险承担机制促进国有企业创新投资水平的提升；拓展性分析结果表明，容错纠错机制的实施促进了不同层级国有企业创新投资，提升了国有企业创新效率和创新后市场价值，同时相较于国有企业的固定资产投资，容错纠错机制的实施对国有企业创新投资的影响更大。

　　本章的研究结果充实了国有企业创新投资影响因素的相关领域，拓展了容错纠错机制经济后果的相关研究，厘清了容错纠错机制对国有企业创新投资水平的作用机制。同时，本章的研究结果对现实情况也具有一定的指导和借鉴意义。首先，政府相关部门应继续推进容错纠错机制的实施，并辅以晋升激励机制，进一步深化国有企业改革，激发国有企业创新活力和热情。其次，行业竞争程度、地区法治环境、高管晋升激励和高管任期等内外部治理因素能够调节容错纠错机制与国有企业创新投资之间的关系，这表明为国有企业的创新投资营造和谐内外部环境是至关重要的。最后，容错纠错机制的实施对国有企业创新投资具有促进效应，揭示了容错纠错机制在国有企业中的重要作用，这对于政府部门在创新驱动发展战略的背景下评估容错纠错机制的实施效果具有重要参考价值。

第 6 章

容错纠错机制与国有企业并购投资

6.1 问题提出

第 4、第 5 章分别探究了容错纠错机制的实施对国有企业扩大再生产的固定资产投资和国有企业追求高质量发展的创新投资的影响，结果显示，容错纠错机制通过缓解委托代理问题和提高公司风险承担水平显著提升了国有企业固定资产投资水平和创新投资水平。

兼并收购是企业外延式扩张的关键手段，在优化资源配置、实现转型升级、扩大市场份额、提升企业价值等方面具有重要作用。学者们对于影响企业并购因素的关注度日益增加，并进行了深入的研究。在外部制度环境方面，学者们主要研究了宏观政策环境（高敬忠等，2021；蔡庆丰和田霖，2019）、政府干预（方军雄，2008；潘红波等，2008）、非正式制度（袁媛等，2022；李诗等，2022）等对企业并购投资的影响。在内部公司治理方面，学者们主要探讨了股权结构（杨波等，2016；徐妙妙等，2015）、董事会治理（李路等，2018；李维安等，2014）、高管激励（Yim，2013；陈仕华等，2015）、管理层特征（赖黎等，2017）等对企业并购投资的影响。但是，鲜有学者从外部制度环境角度考察容错纠错机制的实施对国有企业并购投资的影响。

根据企业增长理论，企业发展并不断壮大主要有两种方式：一是内生性增长，依靠企业内部资源，通过对资源重新整合和分配来实现企业的成长；二是外延式增长，通过兼并收购等扩张方式获取外部企业资源，从而促使企业发展。企业固定资产投资和创新投资均是企业内部增长方式，而并购投资则是企业外延增长方式。前面已经证实，容错纠错机制的实施对国有企业内部投资具有显著的促进效应。那么，容错纠错机制的实施对国有企业外部投资有影响吗？因此，本章主要探究以下问题：第一，容错纠错机制的实施是否会对国有企业并购投资产生影响？第二，容错纠错机制的实施对国有企业并购投资的影响机制是什么？第三，外部制度环境和内部公司治理的差异会如何影响容错纠错机制与国有企业并购投资之间的关系？第四，容错纠错机制的实施对不同层级国有企业的并购投资均有影响吗？容错纠错机制的实施对国有企业内部投资和外部投资的影响存在差异吗？容错纠错机制的实施对国有企业相关多元化并购有影响吗？容错纠错机制的实施对国有企业并购绩效有影响吗？

基于此，本章以 2010～2021 年我国 A 股国有上市公司作为研究样本，探讨了容错纠错机制的实施与国有企业并购投资之间的关系。结果显示：首先，容错纠错机制的实施对国有企业并购投资具有显著的激励效应；其次，在行业竞争程度较低、地区法治环境较差、高管晋升激励较强和高管任期较短的分组中，容错纠错机制的实施对国有企业并购投资的促进作用更加明显；再次，容错纠错机制的实施通过公司治理机制和风险承担机制促进国有企业并购投资水平的提升；最后，容错纠错机制的实施显著促进了不同层级国有企业并购投资活动，提高了国有企业相关多元化并购投资水平，提升了国有企业并购绩效，同时相较于国有企业固定资产投资，容错纠错机制的实施对具有更高风险的国有企业并购投资影响更大，但是容错纠错机制的实施对国有企业创新投资和并购投资的影响没有显著性差异。

本章可能的研究贡献如下：第一，丰富了企业并购投资影响因素的相关研究。现有文献主要考察了外部制度环境（蔡庆丰和田霖，2019；潘红波等，2008；袁媛等，2022；李诗等，2022）和内部公司治理（徐妙妙等，2015；陈仕华等，2015；赖黎等，2017；李路等，2018）对企业并购的影响，本章则创新地研究了容错纠错机制的实施对国有企业并购投资的影响。第二，充实了容错纠错机制经济后果的相关研究。现有关于容错纠错机制的文献，主要集中在规范研究层面的探讨（吴传俭等，2017；马轶群和王文仙，2018；辜胜阻和庄芹芹，2016；万庄，2018；姜晓萍和吴宝家，2021；徐伟等，2017；于凡修，2021），本章从定量视角出发实证检验了容错纠错机制的实施效果，有助于较为全面地理解容错纠错机制的经济后果。第三，厘清了容错纠错机制对国有企业并购投资的作用机制。本章立足于政府交错实施容错纠错机制这一制度背景，从并购投资的角度考察了容错纠错机制的实施对国有企业外部投资的影响，证明了容错纠错机制的实施具有降低国有企业代理成本和提高国有企业风险承担水平的积极作用。

6.2　理论分析与研究假设

并购活动具有拓展市场空间、优化资源配置、实现转型升级等诸多方面的特点，已经成为我国企业扩张和发展的最主要方式之一（姜付秀等，2008），也是我国国有企业做大做强的重要途径。根据企业增长理论，在企业内部资源有限和激烈的市场竞争等情形下，保持一定程度的兼并收购是具有重要意义的。但是，作为企业主要的资产配置行为，企业并购决策行为也是一项风险较高的经济活动（赖黎等，2017）。在实施并购活动过程中，企业通常会面临决策风险、资金财务风险、经营风险、整合风险、文化风险等多方面的风险。詹森和麦克林（Jensen and Meckling，1976）认为，所有者对风险的态度是中性的，而管理层对风险的态度是厌恶的。进一步研究表明，国有企业管理层承担的风险和获得的收益是不对等的，管理层承担高风险获得的高收益由股东所有，但管理层要承受风险乃至失败导致的严重后果（陈运森等，2022）。罗知等（2015）研究发现，相较于非国有企业，国有企业管理层受到牵制和约束较大，对企业的控制能力较弱。因此，国有企业管理层在进行投资决策时，更青睐风险较低的投资项目，从而导致国有企业长期投资水平低于非国有企业。

同时，企业高管是并购行为的重要决策者和执行者，其对并购决策的意义是不言而喻的。詹森（Jensen，1986）认为，企业管理层青睐从自身利益最大化出发，而忽视了股东价值最大化的目标。研究表明，作为企业重要的资源配置战略之一，并购战略决策是公司治理效果的重要体现，也就是说，实施企业高质量并购活动需要完善的公司治理机制（逯东等，2019；周绍妮等，2017）。然而，在国有企业的多层委托代理关系中，国有企业的股东缺乏动机直接有效监督职业经理人对企业的日常运营管理（杨瑞龙，1997）。因此，与民营企业相比，国有企业管理层的行政任命及其特殊的管理制度导致委托代理问题在国有企业中更加突出（Chen et al.，2008）。杜勇等（2017）研究指出，由于国有企业存在过多的委托代理层次和严重的内部人控制问题。因此，国有企业的代理问题更加严重，国有企业管理层更可能迫于短期业绩的压力放弃购置和建造固定资产、进行创新投资、实施并购决策等长期性投资活动。王姝勋和董艳（2015）研究发现，企业管理层在并购活动中可能利用自身权力谋取个人利益，进而影响企业并购投资水平。倪静和王成方（2010）探究了所有权性质对企业并购决策的影响，研究发现，相较于国有企业，非国有企业实施并购活动的概率、次数和规模更高。

为此，2016年，我国政府工作报告明确提出，"健全激励机制和容错纠错机制"，为改革者营造宽松的容错环境，宽容改革者在摸索性实践中出现的偏差和失误，让改革者愿干事、敢干事、能干成事。自此之后，我国各级政府也陆续颁布容错纠错机制实施办法，并出台对国有企业兼并收购容错的相关规定。例如，《泸州市属国有企业经营投资容错免责试行办法》明确规定，国有企业在投资并购等常规性经营投资过程中，虽然造成了不良后果或者经济损失，但同时满足严格遵守国家规定、执行了民主决策程序、履行了勤勉尽责义务、不存在以权谋私等条件，原则上可以免责。又如，青海省出台了《关于建立容错机制鼓励支持省属出资企业改革创新的意见（试行）》，明确指出，在企业兼并收购和股权转让等过程中，由于不可预见等因素出现偏差或失误，可以结合实际情况和性质严重程度，对国有企业负责人进行免责处理。再者,《陕西省省属国有企业领导人员容错纠错办法（试行）》明确规定,在实施海外并购过程中,因当地政治风险、无先例可遵循出现的损失,可以对国有企业负责人进行容错。这些有关容错纠错机制的规定为国有企业管理层的并购决策提供了制度性保障,提高了国有企业管理层对并购风险的容忍度,降低了国有企业管理层被问责的可能性,解决了国有企业管理层的后顾之忧,从而促进了国有企业管理层进行更多的并购投资。

容错纠错机制在为国有企业管理层创造宽松容错环境和提高国有企业管理层对并购风险容忍度的同时,也会对国有企业管理层在并购投资中的失误和错误开展纠正程序。一方面,指出国有企业管理层在并购过程中出现错误或偏差的原因,责成国有企业管理层提出相应的整改办法,敦促国有企业管理层在一定期限内进行改正;另一方面,健全和完善国有企业并购投资相关的纠错制度,将纠错工作流程纳入对国有企业管理层行为的平时审查中,强化对国有企业管理层权力运行的日常监督,约束国有企业管理层的自利行为,减少国有企业管理层机会主义行为,降低国有企业代理成本,从而促进国有企业进行并购活动。因此,本章提出假设:

H6－1:容错纠错机制的实施有利于促进国有企业并购投资。

6.3　研究设计

6.3.1　样本选取与数据来源

为了探究容错纠错机制的实施与国有企业并购投资之间的关系,本章将样本期间选为 2010～2021 年,并以我国 A 股国有上市公司作为初始样本。第一,本章从 CSMAR 数据库中下载股权性质文件并对其进行分析,筛选出该文件中的全部国有企业,并将国有企业进一步划分为中央国有企业、省属国有企业以及市属国有企业三个类别。第二,在区分国有企业类别的基础上,结合国有企业实际控制人的名字,进一步判断省属国有企业和市属国有企业的最终隶属情况。第三，根据中央、省（自治区、直辖市）以及地级市容错纠错机制的实施情况，从而确定本书的实验组和控制组。第四，对原始样本进行了如下的筛选：剔除 ST、*ST、PT 国有企业样本；删除资产负债率大于 1 的国有企业样本；仅保留并购交易成功的国有企业样本；剔除股权转让、资产置换、债务重组、资产剥离以及股份回购等重组类型的并购样本；剔除数据异常和缺失的国有企业样本；剔除金融类国有企业样本。第五，为控制异常值对研究结论的影响，对所有的连续变量实施了上下 1% 的缩尾。

容错纠错机制数据主要通过以下方式进行收集：一方面，在国资委等政府官方网站以"容错""纠错""容错纠错"为关键词进行搜索，收集并阅读容错纠错机制的相关政策文件，确认适用对象为国有企业，进而确定中央、省（自治区、直辖市）以及地级市是否实施容错纠错机制以及实施年份。另一方面，若在国资委等政府官方网站未能搜索到相关信息，则通过北大法宝数据库以及百度等搜索引擎予以收集，进一步确认适用对象为国有企业，从而确定中央、省（自治区、直辖市）以及地级市是否实施容错纠错机制以及实施年份。在获得容错纠错机制的相关数据之后，结合上述对国有企业隶属情况的分类，最终确定本书的实验组和控制组。本书进一步通过举例加以说明，中央纪委驻国资委纪检组于 2016 年颁布了《关于中央企业纪检工作贯彻落实习近平总书记"三个区分开来"重要思想的指导意见》，陕西省于 2016 年出台了《陕西省省属国有企业领导人员容错纠错办法（试行）》，从而分别确定了中央企业、陕西省省属国有企业受到政府容错纠错机制影响的时间。并购投资的数据来源于国泰安（CSMAR）数据库，其他的财务数据来源于国泰安（CSMAR）数据库和 CNRDS 数据库。

6.3.2 变量定义

6.3.2.1 被解释变量

借鉴张雯等（2013）、廖珂等（2020）、李诗等（2022）的相关研究，本章使用企业当年并购金额与总资产的比值衡量并购投资（*MA*）。进一步地，为了保证回归结果的稳健性，本章还使用企业当年并购金额与营业收入的比值衡量并购投资来进行稳健性测试。

6.3.2.2　解释变量

现有关于容错纠错机制的定量研究较少，容错纠错机制的变量主要使用国有企业自身层面是否制定容错纠错机制的办法来衡量（叶永卫等，2021；赵玲和黄昊，2022）。参考张训常等（2021）、辛宇等（2022）的相关研究，本章创新性地使用国有上市公司实际控制人所在地区是否出台容错纠错机制办法来衡量容错纠错机制。解释变量（*FEM*）表示容错纠错机制实施前后的虚拟变量，当国有上市公司实际控制人所在地区第 *t* 年实施容错纠错机制后，赋值为 1，否则为 0；其中，中央国有企业适用中央容错纠错机制的出台时间，省属国有企业适用省级容错纠错机制的出台时间，市属国有企业适用市级容错纠错机制的出台时间。

6.3.2.3　控制变量

借鉴以往相关文献（张雯等，2013；万良勇和胡璟，2014；赖黎等，2017；刘白璐和吕长江，2018；王姝勋和董艳，2020），本章还选用一些影响国有企业并购投资的因素作为控制变量，具体包括成长能力（*Growth*）、股权集中度（*Top*）、企业规模（*Size*）、现金流（*Cash*）、企业年龄（*List*）、董事会规模（*Board*）、管理层持股比例（*Share*）、资产负债率（*Lev*）、两职合一（*Dual*）等。同时，本章还设置了年份虚拟变量（*Year*）和行业虚拟变量（*Industry*），来控制年份和行业差异性对国有企业创新投资的影响。具体如表 6 - 1 所示。

表 6 - 1　　　　　　　　　　　　**变量定义**

变量描述	变量符号	变量界定
并购投资	*MA*	企业当年并购金额/总资产
容错纠错机制	*FEM*	国有上市公司实际控制人所在地区第 *t* 年实施容错纠错机制后，赋值为 1，否则为 0

续表

变量描述	变量符号	变量界定
成长能力	*Growth*	营业收入增长量/上期营业收入
股权集中度	*Top*	第一大股东持股比例
企业规模	*Size*	期末总资产取对数
现金流	*Cash*	经营活动产生的现金流量净额/总资产
企业年龄	*List*	企业上市年限取自然对数
董事会规模	*Board*	董事会人数取自然对数
管理层持股比例	*Share*	管理层持股数量/公司总股数
资产负债率	*Lev*	总负债与总资产的比值
两职合一	*Dual*	若总经理和董事长均由同一个人担任，赋值为1，否则为0

6.3.3　模型设定

容错纠错机制经历了中央到地方的分阶段、分地区逐步实施的过程，这一特点使得容错纠错机制冲击具有外生性的"准自然实验"性质。借鉴贝克等（Beck et al.，2010）、李等（Li et al.，2016）、张训常等（2021）的相关研究，本章利用政府交错实施容错纠错机制设计"准自然实验"，考察容错纠错机制对国有企业创新投资的影响。实证模型（6-1）构建如下：

$$MA_{i,t} = \beta_0 + \beta_1 FEM_{i,t} + Controls_{i,t} + Year + Industry + \varepsilon_{i,t} \quad (6-1)$$

其中，*MA* 指代国有企业的并购投资；*FEM* 指代容错纠错机制；*Controls* 指代一系列变量，包括成长能力（*Growth*）、股权集中度（*Top*）、企业规模（*Size*）、现金流（*Cash*）、企业年龄（*List*）、董事会规模（*Board*）、管理层持股比例（*Share*）、资产负债率（*Lev*）、两职合一（*Dual*）等；*Year* 表示年份固定效应，用于控制影响国有企业并购投资的宏观经济因素；*Industry* 表示行业固定效应，用于控制不随时间变化的行业固有特征。在实证模型中，本章重点关注估计回归系数 β_1，若 β_1 显著大于0，则意味着容错纠错机制的实施对国有企业并购投资具有显著的激励效应。

6.4　实证结果分析

6.4.1　描述性统计

本章实证研究主要变量的描述性统计情况如表 6 - 2 所示。国有企业并购投资（*MA*）的均值为 0.015，标准差为 0.079，说明不同国有企业间的并购投资水平之间存在一定差距。容错纠错机制（*FEM*）的均值为 0.438，标准差为 0.496，表明受到容错纠错机制影响的国有企业占比为 43.8%。同时，表 6 - 2 还列示了其他相关变量的描述性统计情况，均在合理范围内，意味着在对所有连续变量进行缩尾处理后，已不受异常值的严重影响。

表 6 - 2　　　　　　　　　　　　描述性统计

变量	观测值	均值	标准差	最小值	中位数	最大值
MA	11752	0.015	0.079	0.000	0.000	0.628
FEM	11752	0.438	0.496	0.000	0.000	1.000
Size	11752	22.773	1.428	18.972	22.626	26.738
Lev	11752	0.510	0.203	0.053	0.519	0.936
Growth	11752	0.163	0.488	- 0.711	0.089	3.705
Top	11752	0.386	0.153	0.085	0.373	0.750
Cash	11752	0.044	0.070	- 0.207	0.045	0.265
List	11752	2.559	0.652	0.000	2.773	3.296
Board	11752	2.310	0.284	1.386	2.303	2.944
Share	11752	0.604	2.987	0.000	0.001	57.584
Dual	11752	0.101	0.301	0.000	0.000	1.000

6.4.2　多元回归分析

为探讨容错纠错机制的实施对国有企业并购投资水平的影响，本章采用实证模型（6-1）进行了回归分析，回归结果如表6-3所示。第（1）列和第（2）列分别列示了依次加入年份固定效应和行业固定效应的实证检验结果。第（1）列容错纠错机制（*FEM*）的回归系数为0.009，且在1%的水平上显著为正，第（2）列容错纠错机制（*FEM*）的回归系数为0.009，且在1%的水平上显著为正，这两列的实证结果意味着容错纠错机制的实施对国有企业并购投资具有显著的激励效应，从而证实了本章的研究假设。

表6-3　　　　　　　容错纠错机制对国有企业并购投资的回归结果

变量	(1)	(2)
	MA	MA
FEM	0.009 ***	0.009 ***
	(2.86)	(2.78)
Size	-0.003 ***	-0.003 ***
	(-5.38)	(-4.85)
Lev	-0.006	-0.005
	(-1.57)	(-1.11)
Growth	0.020 ***	0.020 ***
	(5.89)	(5.91)
Top	0.011 **	0.012 **
	(1.96)	(2.06)
Cash	0.001	-0.003
	(0.12)	(-0.24)
List	0.001	0.001
	(1.08)	(0.86)
Board	-0.001	-0.002
	(-0.47)	(-0.72)
Share	0.000	0.000
	(0.03)	(0.10)
Dual	0.000	0.000
	(0.06)	(0.06)
年份效应	控制	控制

续表

变量	（1）	（2）
	MA	MA
行业效应	未控制	控制
常数项	0.061 ***	0.055 ***
	(4.77)	(4.03)
样本量	11752	11752
调整后 R^2	0.026	0.026

注：①在公司层面进行聚类，并经过稳健的标准误调整；②"＊""＊＊"和"＊＊＊"分别表示 10%、5% 和 1% 的显著性水平；③括号内报告值是 T 统计量。

6.4.3　异质性分析

容错纠错机制的实施与国有企业并购投资之间的关系会受到内外部治理因素的影响，因此，本章进一步从行业竞争程度、地区法治环境、高管晋升激励和高管任期等视角探讨了在不同的内外部治理因素下，容错纠错机制的实施对国有企业并购投资的差异性影响。

6.4.3.1　行业竞争程度

产品市场竞争是公司外部治理机制和市场竞争机制能够对企业经营决策产生重要影响。现有研究表明，产品市场竞争主要表现为破产清算威胁效应和竞争信息比较效应，可以通过发挥其外在的监督和约束作用缓解委托代理问题（邢立全和陈汉文，2013；Nalebuff and Stiglitz，1983；Hart，1983），从而促使企业实施横向并购决策（徐虹等，2015）。因此，当企业所处的行业竞争激烈时，外部竞争压力使股东和管理层更加规范和约束自己的行为，企业在生产经营过程中面临的委托代理问题相对较轻，代理成本较低。此时，容错纠错机制对国有企业并购活动发挥作用的空间相对较小。相反，当企业所处的行业竞争缓和时，由于其垄断性较强，企业在生产经营过程中面临的委托代理问题相对较重，代理成本较高。此时，容错纠错机制更可能有效缓解委托代理问题，从而促进国有企业的并购投资。

基于此，本章探讨了不同的行业竞争程度下，容错纠错机制的实施对国有企业并购投资的差异性影响。借鉴徐虹等（2015）、姜付秀等（2009）、韩忠雪和周婷婷（2011）的相关研究，采用赫芬达尔指数衡量行业竞争程度（*Competition*），即行业内各公司营业收入与行业营业收入比值的平方和。首先，根据行业竞争程度（*Competition*）的中位数将全部样本划分为行业竞争程度低（*Competition* = 1）和行业竞争程度高（*Competition* = 0）的两组样本；其次，对容错纠错机制与国有企业并购投资之间的关系进行分组回归，实证检验结果如表 6 - 4 所示。结果显示，在行业竞争程度低（*Competition* = 1）的样本组中，容错纠错机制（*FEM*）的回归系数为 0.008，且在 5% 的水平上显著为正，而在行业竞争程度高（*Competition* = 0）的样本组中，容错纠错机制（*FEM*）的回归系数为 0.007，且未通过显著性测试，这表明当行业竞争程度较低时，容错纠错机制的实施对国有企业并购投资的促进作用更加明显，从而在一定程度上证实了容错纠错机制的实施通过有效缓解委托代理问题显著提升了国有企业的并购投资水平。

表 6 - 4   基于行业竞争程度的异质性分析

变量	行业竞争程度低	行业竞争程度高
	MA	*MA*
FEM	0.008 **	0.007
	(2.23)	(1.32)
Size	- 0.002 ***	- 0.004 ***
	(- 2.74)	(- 3.83)
Lev	0.004	- 0.011 *
	(0.80)	(- 1.86)
Growth	0.017 ***	0.023 ***
	(4.29)	(4.15)
Top	0.006	0.021 **
	(0.81)	(2.33)

续表

变量	行业竞争程度低	行业竞争程度高
	MA	*MA*
Cash	-0.010	0.004
	(-0.69)	(0.22)
List	0.001	0.001
	(0.84)	(0.40)
Board	-0.000	-0.004
	(-0.08)	(-0.89)
Share	0.000	-0.000
	(0.47)	(-0.22)
Dual	0.002	-0.001
	(0.63)	(-0.28)
年份效应	控制	控制
行业效应	控制	控制
常数项	0.036*	0.071***
	(1.95)	(3.38)
样本量	5825	5927
调整后 R^2	0.022	0.032

注：①在公司层面进行聚类，并经过稳健的标准误调整；②"*""**"和"***"分别表示 10%、5% 和 1% 的显著性水平；③括号内报告值是 T 统计量。

6.4.3.2　地区法治环境

改革开放以来，我国经过几十年的发展，中国特色社会主义法律体系基本形成并日益完善。地区法治环境是企业营商环境的重要组成部分，对企业的生产经营决策产生积极影响（于文超等，2018）。地理环境和条件的差异、资源禀赋和经济发展水平不平衡、执法部门行政执法力度和效果不同，使得我国不同地区的法制环境良莠不齐（王兰芳等，2019；李延喜等，2015）。在法制环境较差的地区，法律法规体系和监管机制相对欠缺，行政执法力度相对松弛，投资者保护力度相对较低，难以对股东和管理层的行为进行有效约束和监督（闫华红和王亚茹，2020），企业在生产经营过程中面临的委托代理问题相对较重，代理成本较高。布什曼等（Bushman et al., 2004）研究发现，法制环境越好，法律法规体系越完善，信息不对称的程度越弱，股东和管理层越规范和约束自己的行为，企业的代理成本越低。因此，如果容错纠错机制能够发挥公司治理作用，那么当企业所处较差地区法治环境时，容错纠错机制更能有效缓解委托代理问题，从而促进国有企业的并购投资。

基于此，本章探讨了不同的地区法治环境下，容错纠错机制的实施对国有企业并购投资的差异性影响。本章借鉴曹越和孙丽（2021）、冯旭南（2012）、王兰芳等（2019）的相关研究，采用市场化指数中的"市场中介组织和法律制度环境"来衡量地区法治环境（$Environment$）。首先，根据地区法治环境（$Environment$）的中位数将全部样本划分为地区法治环境好（$Environment=1$）和地区法治环境差（$Environment=0$）的两组样本；其次对容错纠错机制与国有企业并购投资之间的关系进行分组回归，回归结果如表6-5所示。实证检验结果显示，在地区法治环境差（$Environment=0$）的样本组中，容错纠错机制（FEM）的回归系数为0.010，且在5%的水平上显著为正；而在地区法治环境好（$Environment=1$）的样本组中，容错纠错机制（FEM）的回归系数为0.006，且未通过显著性测试，这表明当地区法治环境差时，容错纠错机制对国有企业并购投资的促进作用更加明显，从而在一定程度上证实了容错纠错机制通过有效缓解委托代理问题促进国有企业并购投资。

表6-5　　　　　　　　　基于地区法治环境的异质性分析

变量	地区法治环境好	地区法治环境差
	MA	MA
FEM	0.006 (1.35)	0.010** (2.22)
Size	-0.004*** (-4.36)	-0.002** (-2.30)
Lev	0.000 (0.00)	-0.009* (-1.84)

变量	地区法治环境好	地区法治环境差
	MA	*MA*
Growth	0.021 ***	0.020 ***
	(4.41)	(4.03)
Top	0.019 **	0.005
	(2.32)	(0.63)
Cash	0.001	−0.010
	(0.06)	(−0.63)
List	0.003 *	−0.001
	(1.73)	(−0.71)
Board	−0.003	−0.001
	(−0.73)	(−0.38)
Share	0.000	−0.000 **
	(0.78)	(−1.96)
Dual	0.001	−0.001
	(0.28)	(−0.36)
年份效应	控制	控制
行业效应	控制	控制
常数项	0.071 ***	0.038 *
	(3.71)	(1.94)
样本量	6261	5491
调整后 R^2	0.025	0.028

注：①在公司层面进行聚类，并经过稳健的标准误调整；②"*""**"和"***"分别表示 10%、5%和1%的显著性水平；③括号内报告值是 T 统计量。

6.4.3.3　高管晋升激励

并购投资是一项具有高风险的经济活动，企业进行并购活动时往往面临着营运风险、财务风险、反收购风险、企业文化风险等，会增加高管被问责的可能性，进而削弱国有企业高管的并购投资意愿。容错纠错机制可以宽容国有企业高管在投资过程中的失败和错误，提高了对国有企业高管探索性失误的容忍度，在一定程度上缓解了国有企业高管的政治晋升担忧。因此，如果容错纠错机制能够提高国有企业的风险承担水平，那么，当公司高管晋升激励较强时，容错纠错机制的实施对国有企业并购投资的激励效应更加突出。

基于此，本章探讨了不同的高管晋升激励下，容错纠错机制的实施对国有企业并购投资的差异性影响。参考杨瑞龙等（2013）、叶永卫等（2021）的相关研究，采用公司拥有博士学位的高管占比衡量高管晋升激励（*Promotion*）。首先，根据高管晋升激励（*Promotion*）的中位数将全部样本划分为高管晋升激励强（*Promotion* = 1）和高管晋升激励弱（*Promotion* = 0）的两组样本；其次对容错纠错机制与国有企业并购投资之间的关系进行分组回归，回归结果如表 6 - 6 所示。结果显示，在高管晋升激励强（*Promotion* = 1）的样本组中，容错纠错机制（*FEM*）的回归系数为 0. 003，且在 5% 的水平上显著为正，而在高管晋升激励弱（*Promotion* = 0）的样本组中，容错纠错机制（*FEM*）未通过显著性测试，这表明当高管晋升激励强时，容错纠错机制对国有企业并购投资的促进作用更加明显，从而在一定程度上证实了容错纠错机制通过提高公司风险承担水平促进国有企业并购投资。

表 6 - 6　　　　　　　　　基于高管晋升激励的异质性分析

变量	高管晋升激励强	高管晋升激励弱
	MA	*MA*
FEM	0. 003 **	0. 000
	(2. 18)	(0. 21)
Size	- 0. 001 ***	- 0. 000
	(- 3. 54)	(- 1. 35)
Lev	- 0. 003	0. 001
	(- 1. 35)	(0. 32)
Growth	0. 007 ***	0. 006 ***
	(5. 05)	(4. 79)
Top	0. 003	0. 001
	(1. 10)	(0. 50)

续表

变量	高管晋升激励强	高管晋升激励弱
	MA	MA
Cash	−0.004	−0.003
	(−0.72)	(−0.54)
List	−0.000	0.000
	(−0.26)	(0.10)
Board	−0.001	−0.003 *
	(−0.46)	(−1.79)
Share	−0.000	0.000
	(−0.65)	(1.20)
Dual	0.002	−0.001
	(1.55)	(−0.87)
年份效应	控制	控制
行业效应	控制	控制
常数项	0.022 ***	0.014 *
	(3.35)	(1.91)
样本量	5792	5960
调整后 R^2	0.027	0.023

注：①在公司层面进行聚类，并经过稳健的标准误调整；②" * "" ** "和" *** "分别表示
10%、5% 和 1% 的显著性水平；③括号内报告值是 T 统计量。

6.4.3.4　高管任期

高管是企业生产经营决策的主体，企业投资活动会受到高管个体行为特
质和经历的影响（赖黎等，2017；姜付秀等，2009；王姝勋和董艳，2020）。
根据高阶理论，公司高管的认知能力和价值观等会在公司的战略决策中得到
体现并发挥十分重要的作用（Hambrick and Mason，1984），任职年限作为高
管人口学的重要特点之一，代表着高管的个人认知、偏好与信念，从而对企
业研发投入、信息披露等产生重大影响（刘运国和刘雯，2007；田祥宇等，
2018；许言等，2017）。现有研究表明，相较于任职期限较长的企业高管，
任职期限较短的企业高管存在严重的职业生涯担忧，对风险更加厌恶，投资

决策更加小心谨慎（Gibbons and Murphy，1992；王姝勋和董艳，2020）。罗知等（2015）研究发现，国有企业管理层任期越短，国有企业管理层越青睐较低风险的投资策略，越不愿意进行长期性投资。并购投资是一项具有高风险的经济活动，企业进行并购活动时往往面临着营运风险、财务风险、反收购风险、企业文化风险等。容错纠错机制可以宽容国有企业高管在并购投资过程中的失败和错误，提高了对国有企业高管探索性失误的容忍度，在一定程度上缓解了国有企业高管的职业生涯担忧。因此，如果容错纠错机制能够提高公司风险承担水平，那么当公司高管任期较短时，容错纠错机制对国有企业并购投资的促进作用更加明显。

基于此，本章实证检验了不同的高管任期下，容错纠错机制的实施对国有企业并购投资的影响。参考王姝勋和董艳（2020）、韩静等（2014）的相关研究，采用公司高管平均任期衡量高管任期（Tenure）。首先，根据高管任期（Tenure）的中位数将全部样本划分为高管任期长（Tenure = 1）和高管任期短（Tenure = 0）的两组样本；其次对容错纠错机制与国有企业并购投资之间的关系进行分组回归，回归结果如表 6 - 7 所示。结果显示，在高管任期短（Tenure = 0）的样本组中，容错纠错机制（FEM）的回归系数为 0.004，且在 5% 的水平上显著为正，而在高管任期长（Tenure = 1）的样本组中，容错纠错机制（FEM）的回归系数为 0.001，且未通过显著性测试，这表明当高管任期短时，容错纠错机制对国有企业并购投资的促进作用更加明显，从而在一定程度上证实了容错纠错机制通过提高公司风险承担水平促进国有企业并购投资。

表 6 - 7　　　　　　　　　　基于高管任期的异质性分析

变量	高管任期长	高管任期短
	MA	MA
FEM	0.001 (0.73)	0.004 ** (1.98)
Size	-0.001 *** (-2.78)	-0.001 ** (-2.24)

续表

变量	高管任期长	高管任期短
	MA	MA
Lev	0.001	− 0.005 **
	(0.49)	(− 2.00)
Growth	0.006 ***	0.007 ***
	(4.40)	(5.22)
Top	0.005 **	− 0.002
	(2.04)	(− 0.64)
Cash	− 0.001	− 0.004
	(− 0.25)	(− 0.66)
List	− 0.000	0.000
	(− 0.47)	(0.64)
Board	− 0.001	− 0.003
	(− 0.65)	(− 1.51)
Share	− 0.000	0.000
	(− 0.54)	(0.31)
Dual	0.001	− 0.001
	(1.28)	(− 0.69)
年份	控制	控制
行业	控制	控制
常数项	0.015 **	0.025 ***
	(2.22)	(3.18)
样本量	6800	4952
调整后 R^2	0.021	0.028

注：①在公司层面进行聚类，并经过稳健的标准误调整；②" * "" ** "和" *** "分别表示 10%、5%和 1%的显著性水平；③括号内报告值是 T 统计量。

6.4.4 作用机制分析

前面的回归结果证实了容错纠错机制的实施对国有企业并购投资具有显

著的促进作用，并且在行业竞争程度低、地区法治环境差、高管晋升激励强、高管任期短的分组中更加明显，这在一定程度上表明容错纠错机制通过有效缓解委托代理问题和提高风险承担水平，从而促进了国有企业的并购投资。为了进一步提供更可靠的证据，本章接下来直接检验公司治理机制和风险承担机制，以揭示容错纠错机制的实施对国有企业并购投资的作用路径。

6.4.4.1 公司治理机制

根据前面的理论分析，一方面，在国有企业的多层委托代理关系中，国有企业的股东缺乏动机直接有效监督职业经理人对企业的日常运营管理（杨瑞龙，1997）。同时，由于国有企业管理层的行政任命及其特殊的管理制度，国有企业的委托代理问题比较突出（Chen et al.，2008）；另一方面，国有企业高管面临着严格的薪酬管制（陈冬华等，2005），在对国有企业高管缺乏有效激励和约束的情况下，国有企业相较于民营企业有着较高的代理成本（张兆国等，2008；李寿喜，2007）。容错纠错机制的实施可以对国有企业管理层进行更为有效的监督，在一定程度上约束国有企业管理层的行为，减少国有企业管理层谋取私利和失职渎职问题，从而促进国有企业的并购投资。如果容错纠错机制可以通过公司治理机制发挥作用，那么容错纠错机制对国有企业并购投资的促进效应会在公司治理水平较低的样本中更加明显。

为了检验这一机制，参考昂等（Ang et al.，2000）、李寿喜（2007）、陈克兢等（2020）的研究，采用管理费用率衡量公司治理水平（Governance）。首先，根据公司治理水平（Governance）的中位数将全部样本划分为公司治理水平低（$Governance = 1$）和公司治理水平高（$Governance = 0$）的两组样本；其次对容错纠错机制与国有企业并购投资之间的关系进行分组回归，回归结果如表6-8所示。结果显示，在公司治理水平低（$Governance = 1$）的样本组中，容错纠错机制（FEM）的回归系数为0.004，且在1%的水平上显著为正，而在公司治理水平高（$Governance = 0$）的样本组中，容错纠错机制（FEM）的回归系数为 -0.001，且未通过显著性测试，这表明容错纠错机制的实施对国有企业并购投资的促进作用在公司治理水平低的企业中更加明显，从而直接验证了公司治理机制。

表6–8　　　　　　　　　　　　公司治理作用机制分析

变量	公司治理水平低	公司治理水平高
	MA	MA
FEM	0.004 ***	− 0.001
	(2.67)	(− 0.49)
Size	− 0.001 **	− 0.001 **
	(− 2.31)	(− 2.16)
Lev	− 0.002	− 0.001
	(− 0.82)	(− 0.60)
Growth	0.006 ***	0.006 ***
	(4.89)	(5.01)
Top	0.000	0.003
	(0.12)	(1.23)
Cash	− 0.010 *	0.005
	(− 1.78)	(1.18)
List	− 0.000	− 0.000
	(− 0.20)	(− 0.07)
Board	− 0.002 *	− 0.001
	(− 1.65)	(− 0.49)
Share	0.000	0.000
	(0.24)	(0.01)
Dual	− 0.000	0.001
	(− 0.01)	(0.75)
年份效应	控制	控制
行业效应	控制	控制
常数项	0.020 ***	0.011 *
	(2.98)	(1.66)
样本量	5800	5952
调整后 R^2	0.025	0.024

注：①在公司层面进行聚类，并经过稳健的标准误调整；②" * "" ** "和" *** "分别表示10%、5%和1%的显著性水平；③括号内报告值是 T 统计量。

6.4.4.2　风险承担机制

根据前面的理论分析，国有企业管理层承担的风险和获得的收益是不对等的，管理层承担高风险获得的高收益由股东所有，但管理层要承受风险乃至失败导致的严重后果。因此，国有企业管理层不愿承担较高的风险和实施较高风险的投资活动。同时，国有企业管理层的行政任命以及严格的薪酬管制，使其获得较低的收益份额（陈冬华等，2005；李文贵和余明桂，2012），加重国有企业高管对风险与收益不对等的担忧，从而降低国有企业高管承担风险的意愿。容错纠错机制的实施可以宽容国有企业管理层在并购投资过程中出现的失败和挫折，提高了国有企业管理层的风险承担意愿，从而促进国有企业进行更多的并购投资。如果容错纠错机制可以通过风险承担机制发挥作用，那么容错纠错机制对并购投资的促进效应会在公司风险承担较低的国有企业中更加明显。

为了检验这一机制，参考约翰等（John et al.，2008）、苏坤（2016）的相关研究，采用公司在 5 年内经行业均值调整的总资产收益率标准差衡量公司风险承担（$Risk$）。首先，根据公司风险承担（$Risk$）的中位数将全部样本划分为公司风险承担高（$Risk = 1$）和公司风险承担低（$Risk = 0$）的两组样本；其次对容错纠错机制与国有企业并购投资之间的关系进行分组回归，回归结果如表 6 - 9 所示。结果显示，在公司风险承担低（$Risk = 0$）的样本组中，容错纠错机制（FEM）的回归系数为 0.002，且在 5% 的水平上显著为正，而在公司风险承担高（$Risk = 1$）的样本组中，容错纠错机制（FEM）的回归系数为 0.001，且未通过显著性测试，这表明容错纠错机制对国有企业并购投资的促进作用在公司风险承担低的企业中更加突出，从而直接验证了风险承担机制。

表 6 - 9　　　　　　　　　　风险承担作用机制分析

变量	公司风险承担高	公司风险承担低
	MA	MA
FEM	0.001 (0.52)	0.002 ** (1.96)
Size	- 0.000 (- 1.49)	- 0.001 ** (- 2.32)

续表

变量	公司风险承担高	公司风险承担低
	MA	*MA*
Lev	−0.001	−0.002
	(−0.45)	(−0.90)
Growth	0.006 ***	0.006 ***
	(5.74)	(3.94)
Top	0.002	0.001
	(0.82)	(0.54)
Cash	0.000	−0.005
	(0.06)	(−0.96)
List	−0.000	0.000
	(−0.52)	(0.54)
Board	−0.002	−0.001
	(−1.47)	(−0.68)
Share	−0.000	0.000
	(−0.01)	(0.22)
Dual	0.000	0.001
	(0.17)	(0.53)
年份效应	控制	控制
行业效应	控制	控制
常数项	0.011 *	0.015 **
	(1.71)	(2.35)
样本量	6098	5654
调整后 R^2	0.032	0.013

注：①在公司层面进行聚类，并经过稳健的标准误调整；②"*""**"和"***"分别表示 10%、5%和1%的显著性水平；③括号内报告值是 T 统计量。

6.4.5　稳健性检验

为了得到更稳健的回归结果，本章分别采用了平行趋势检验、安慰剂检验、仅以中央国有企业为处理组、替换并购投资的衡量方式、按照省份层面聚类、固定效应模型、控制行业随时间的变化、缩短样本期间、删除观测期内未实施容错纠错机制的样本、以民营企业为对照组、前置一期并购投资、排除替代性解释等方法进行稳健性检验。

6.4.5.1 平行趋势检验

在建立双重差分模型时，需要实验组和对照组在容错纠错机制的实施之前满足平行趋势假设，即在容错纠错机制的实施之前，两组企业的并购投资呈现相同的变化趋势。因此，本章参考贝克等（Beck et al.，2010）、张训常等（2021）、辛宇等（2022）的相关研究，构建的实证模型（6-2）如下：

$$MA_{i,t} = \beta_0 + \sum_{k \geq -7}^{3+} \delta_k FEM_{i,t_{c0}+k} + Controls_{i,t} + Year + Industry + \varepsilon_{i,t}$$

$$(6-2)$$

其中，t_{c0} 表示容错纠错机制建立的年份；$FEM_{i,t_{c0}+k}$ 表示容错纠错机制的实施前后几个时期的虚拟变量，即当 $t - t_{c0} = k$ 时（$k = -7$，-6，-5，-4，-3，-2，-1，0，1，2，$3+$），$FEM_{i,t_{c0}+k} = 1$，否则 $FEM_{i,t_{c0}+k} = 0$。通过模型（6-2）估计得到的 δ_k 表示实验组和对照组并购投资随时间变化的趋势，估计结果如表6-10所示。结果显示，容错纠错机制的实施前7期 $FEM_{(容错纠错机制实施当年 + k)}$（$k = -7$，-6，-5，-4，-3，-2，-1）的回归系数均未通过显著性测试，在实施容错纠错机制以后的年份中，$FEM_{(容错纠错机制实施当年 + k)}$（$k = 0$，1，2，$3+$）的回归系数至少在10%的水平上显著为正，从而验证了平行趋势假设。

表6-10　　　　　　　　平行趋势检验

变量	MA
$FEM_{(容错纠错机制实施当年 -7)}$	0.004 (0.92)
$FEM_{(容错纠错机制实施当年 -6)}$	0.001 (0.41)

续表

变量	MA
$FEM_{(容错纠错机制实施当年-5)}$	-0.001
	(-0.20)
$FEM_{(容错纠错机制实施当年-4)}$	0.005
	(1.11)
$FEM_{(容错纠错机制实施当年-3)}$	0.000
	(0.10)
$FEM_{(容错纠错机制实施当年-2)}$	0.001
	(0.12)
$FEM_{(容错纠错机制实施当年-1)}$	0.005
	(0.86)
$FEM_{(容错纠错机制实施当年)}$	0.011^{*}
	(1.95)
$FEM_{(容错纠错机制实施当年+1)}$	0.010^{**}
	(2.08)
$FEM_{(容错纠错机制实施当年+2)}$	0.016^{***}
	(3.02)
$FEM_{(容错纠错机制实施3年以后)}$	0.014^{***}
	(2.69)
Size	-0.003^{***}
	(-4.85)
Lev	-0.005
	(-1.11)
Growth	0.020^{***}
	(5.91)
Top	0.012^{**}
	(2.07)
Cash	-0.003
	(-0.25)

续表

变量	MA
List	0.001
	(0.87)
Board	−0.002
	(−0.76)
Share	0.000
	(0.12)
Dual	0.000
	(0.10)
年份效应	控制
行业效应	控制
常数项	0.054 ***
	(4.00)
样本量	11752
调整后 R^2	0.026

注：①在公司层面进行聚类，并经过稳健的标准误调整；②"＊""＊＊"和"＊＊＊"分别表示10%、5%和1%的显著性水平；③括号内报告值是 T 统计量。

6.4.5.2 安慰剂检验

为了排除公司自身特征对本章实证结果的影响，本章借鉴胡宁等（2019）、陈运森等（2022）的相关做法，将容错纠错机制的实施时间分别向前推 4 年和 5 年，使用虚拟的容错纠错机制的实施时间进行安慰剂检验。在安慰剂检验中保持实验组和对照组样本公司与前面研究一样，如果本章的回归结果是公司之间的固有差异导致，那么使用虚拟的容错纠错机制的实施时间也能得到相同的结果。在表 6 - 11 中，第（1）列和第（2）列分别表示将容错纠错机制的实施时间向前推 4 年、5 年的回归结果。实证检验结果显示，容错纠错机制（*FEM*）的回归系数均未通过显著性测试，这说明虚拟的容错纠错机制并没有明显影响国有企业并购投资。

表 6-11　　　　　　　　　　　　　安慰剂检验

变量	(1)	(2)
	MA	*MA*
FEM	0.003	0.001
	(1.15)	(0.31)
Size	-0.003 ***	-0.003 ***
	(-4.84)	(-4.83)
Lev	-0.004	-0.005
	(-1.08)	(-1.09)
Growth	0.020 ***	0.020 ***
	(5.89)	(5.89)
Top	0.012 **	0.012 **
	(2.07)	(2.07)
Cash	-0.002	-0.003
	(-0.22)	(-0.24)
List	0.001	0.001
	(0.84)	(0.83)
Board	-0.002	-0.002
	(-0.69)	(-0.68)
Share	0.000	0.000
	(0.05)	(0.07)
Dual	0.000	0.000
	(0.02)	(0.01)
年份效应	控制	控制
行业效应	控制	控制
常数项	0.054 ***	0.054 ***
	(4.01)	(3.99)
样本量	11752	11752
调整后 R^2	0.026	0.026

注：①在公司层面进行聚类，并经过稳健的标准误调整；②" * "" ** "和" *** "分别表示 10%、5% 和 1% 的显著性水平；③括号内报告值是 T 统计量。

6.4.5.3 仅以中央国有企业为处理组

各地区容错纠错机制的实施可能存在选择性偏误引起的内生性问题，即各地方政府在推行容错纠错机制时有一定的自主选择权。由于中央层面的容错纠错机制从 2016 年开始实施，在推行容错纠错机制上不存在自主选择权，因此，可以在一定程度上缓解选择性偏误引起的内生性问题。本章借鉴张训常等（2021）的研究，以中央国有企业为处理组、以民营企业为控制组进行重新估计，回归结果如表 6 - 12 所示。实证检验结果表明，容错纠错机制（*FEM*）的估计系数为 0.005，且在 10% 的水平上显著为正，表明即使只考虑中央层面的容错纠错机制，容错纠错机制依然对中央国有企业的并购投资具有促进作用，从而说明本章的主要结论不受选择性偏误的影响。

表 6 - 12　　　　　　　　仅以中央国有企业为处理组

变量	*MA*
FEM	0. 005 *
	(1. 67)
Size	- 0. 005 ***
	(- 6. 34)
Lev	0. 005
	(0. 87)
Growth	0. 032 ***
	(10. 77)
Top	- 0. 010
	(- 1. 51)
Cash	- 0. 008
	(- 0. 70)
List	- 0. 003 **
	(- 2. 55)
Board	0. 002
	(0. 50)

续表

变量	MA
Share	0.000 *
	（1.73）
Dual	0.003
	（1.47）
年份效应	控制
行业效应	控制
常数项	0.102 ***
	（5.35）
样本量	21933
调整后 R^2	0.064

注：①在公司层面进行聚类，并经过稳健的标准误调整；②"*""**"和"***"分别表示10%、5%和1%的显著性水平；③括号内报告值是 T 统计量。

6.4.5.4　替换并购投资的衡量方式

本章进一步使用企业当年并购金额与营业收入的比值衡量并购投资（MA）来进行稳健性测试，回归结果如表 6 – 13 所示。实证检验结果显示，容错纠错机制（FEM）的回归系数为 0.017，且在 5% 的水平上显著为正，这说明替换并购投资的衡量方式之后，本章的研究结论依然成立。

表 6 – 13　　　　　　　替换并购投资的衡量方式

变量	MA
FEM	0.017 **
	（2.29）
Size	– 0.007 ***
	（– 4.54）
Lev	– 0.017
	（– 1.63）
Growth	0.063 ***
	（7.05）

续表

变量	MA
Top	0.017
	(1.27)
Cash	−0.042
	(−1.54)
List	0.006 **
	(2.28)
Board	−0.008
	(−1.16)
Share	0.000
	(0.43)
Dual	0.000
	(0.07)
年份效应	控制
行业效应	控制
常数项	0.140 ***
	(3.93)
样本量	11752
调整后 R^2	0.038

注：①在公司层面进行聚类，并经过稳健的标准误调整；②" * "" ** "和 " *** " 分别表示 10%、5%和1%的显著性水平；③括号内报告值是 T 统计量。

6.4.5.5　按照省份层面聚类

前面的回归结果已经在企业层面进行聚类并经过稳健的标准误调整，本章借鉴万丛颖等（2022）、张训常等（2021）的做法，采用省级聚类稳健标准误进行显著性分析，回归结果如表 6 - 14 所示。结果显示，容错纠错机制（*FEM*）的回归系数为 0.009，且在 1% 的水平上显著为正，这说明在省份层面进行聚类之后，本章的研究结论依然成立。

表 6 – 14　　　　　　　　　　　　　　　　按照省份层面聚类

变量	MA
FEM	0. 009 ***
	(3. 54)
Size	− 0. 003 ***
	(− 4. 38)
Lev	− 0. 005
	(− 1. 34)
Growth	0. 020 ***
	(6. 95)
Top	0. 012 **
	(2. 23)
Cash	− 0. 002
	(− 0. 19)
List	0. 001
	(0. 80)
Board	− 0. 002
	(− 0. 69)
Share	0. 000
	(0. 11)
Dual	0. 000
	(0. 06)
年份效应	控制
行业效应	控制
常数项	0. 055 ***
	(3. 68)
样本量	11736
调整后 R^2	0. 026

注：①在省份层面进行聚类，并经过稳健的标准误调整；②" * "" ** "和" *** "分别表示 10% 、5% 和 1% 的显著性水平；③括号内报告值是 T 统计量。

6.4.5.6 固定效应模型

虽然本章在实证模型中控制了很多与公司相关的变量，但是仍可能存在一些因素被遗漏在模型之外，因此，本章借鉴陈克兢等（2020）的做法，采用固定效应模型进行重新估计，回归结果如表 6 - 15 所示。结果显示，容错纠错机制（*FEM*）的回归系数为 0.007，且在 10% 的水平上显著为正，这意味着在实证模型中控制个体固定效应之后，本章的研究结论依然稳健。

表 6 - 15 固定效应模型

变量	*MA*
FEM	0.007 *
	(1.83)
Size	- 0.012 ***
	(- 3.50)
Lev	0.003
	(0.25)
Growth	0.018 ***
	(5.13)
Top	0.027
	(1.28)
Cash	- 0.005
	(- 0.39)
List	- 0.000
	(- 0.05)
Board	- 0.003
	(- 0.74)
Share	- 0.001
	(- 1.41)
Dual	0.001
	(0.22)
年份效应	控制

续表

变量	MA
公司效应	控制
常数项	0.256 *** (3.38)
样本量	11752
调整后 R²	0.023

注：①在公司层面进行聚类，并经过稳健的标准误调整；②"*""**"和"***"分别表示10%、5%和1%的显著性水平；③括号内报告值是 T 统计量。

6.4.5.7　控制行业随时间的变化

前面的实证模型中已经考虑了年份和行业差异性对国有企业并购投资的影响，但是，为了进一步控制行业随时间的变化，本章借鉴潘越等（2019）的做法，对容错纠错机制实施与国有企业并购投资之间的关系进行了重新回归，实证检验结果如表 6-16 所示。结果显示，容错纠错机制（FEM）的回归系数为 0.008，且在 1% 的水平上显著为正，这说明在控制了行业随时间的变化之后，本章的研究结论依然成立。

表 6-16　　　　　　　　控制行业随时间的变化

变量	MA
FEM	0.008 *** (2.68)
Size	-0.003 *** (-4.92)
Lev	-0.004 (-1.08)
Growth	0.020 *** (5.79)
Top	0.011 ** (1.97)

续表

变量	MA
Cash	−0.005
	(−0.49)
List	0.001
	(0.74)
Board	−0.002
	(−0.84)
Share	−0.000
	(−0.03)
Dual	0.000
	(0.12)
年份效应	控制
行业效应	控制
行业×时间	控制
常数项	0.059 ***
	(4.34)
样本量	11752
调整后 R^2	0.032

注：①在公司层面进行聚类，并经过稳健的标准误调整；②"*""**"和"***"分别表示 10%、5%和1%的显著性水平；③括号内报告值是 T 统计量。

6.4.5.8 缩短样本期间

在探讨容错纠错机制的实施与国有企业并购投资之间关系时，本章选取的样本期间为 2010～2021 年，这个样本期间跨度较长，可能存在较多影响国有企业并购投资的干扰因素。因此，本章将样本期间缩短为 2012～2021 年并进行重新估计，回归结果如表 6-17 所示。结果显示，容错纠错机制 (*FEM*) 的回归系数为 0.009，且在 1% 的水平上显著为正，这说明在缩短样本期间之后，本章的主要结论依然成立。

表 6 - 17　　　　　　　　　　　　　缩短样本期间

变量	MA
FEM	0.009 ***
	(2.86)
Size	− 0.003 ***
	(− 4.66)
Lev	− 0.005
	(− 0.99)
Growth	0.022 ***
	(5.37)
Top	0.011
	(1.52)
Cash	− 0.009
	(− 0.71)
List	0.001
	(0.81)
Board	− 0.003
	(− 0.93)
Share	0.000
	(0.09)
Dual	− 0.000
	(− 0.03)
年份效应	控制
行业效应	控制
常数项	0.068 ***
	(4.27)
样本量	9909
调整后 R^2	0.027

注：①在公司层面进行聚类，并经过稳健的标准误调整；②"*""**"和"***"分别表示 10%、5% 和 1% 的显著性水平；③括号内报告值是 T 统计量。

6.4.5.9 删除观测期内未实施容错纠错机制的样本

考虑某些城市实际上已经实施了容错纠错机制，但可能未对外公开实施容错纠错机制的政策文件，如果不将这些样本从控制组中删除，可能会干扰本章的研究结果。因此，本章将这些样本从控制组中删除，对实证模型（6-1）进行了重新估计，回归结果如表6-18所示。结果显示，容错纠错机制（FEM）的回归系数为0.008，且在5%的水平上显著为正，这说明在删除观测期内未实施容错纠错机制的样本之后，本章的研究结论依然成立。

表6-18　　　　　删除观测期内未实施容错纠错机制的样本

变量	MA
FEM	0.008 **
	(2.35)
Size	-0.003 ***
	(-4.85)
Lev	-0.004
	(-1.05)
Growth	0.020 ***
	(5.89)
Top	0.012 **
	(2.03)
Cash	-0.002
	(-0.20)
Board	0.001
	(0.90)
List	-0.002
	(-0.78)
Share	0.000
	(0.09)
Dual	0.000
	(0.00)

续表

变量	MA
年份效应	控制
行业效应	控制
常数项	0.056 ***
	(4.04)
样本量	11607
调整后 R^2	0.026

注：①在公司层面进行聚类，并经过稳健的标准误调整；②" * "" ** "和" *** "分别表示 10%、5% 和 1% 的显著性水平；③括号内报告值是 T 统计量。

6.4.5.10　以民营企业为对照组

由于容错纠错机制主要影响的是国有企业，而民营企业并不受容错纠错机制的直接影响，因此，本章将民营企业作为对照组进行稳健性检验，回归结果如表 6 - 19 所示。结果显示，容错纠错机制（FEM）的回归系数为 0.007，且在 1% 的水平上显著为正，这说明在以国有企业为实验组、以民营企业为对照组进行重新回归之后，本章的主要结论依然成立。

表 6 - 19　　　　　　　　　　　以民营企业为对照组

变量	MA
FEM	0.007 ***
	(4.08)
Size	- 0.005 ***
	(- 7.59)
Lev	0.003
	(0.71)
Growth	0.031 ***
	(12.10)
Top	- 0.009 *
	(- 1.74)

变量	MA
Cash	−0.010
	(−1.03)
List	−0.003 ***
	(−2.97)
Board	−0.001
	(−0.55)
Share	0.000 ***
	(3.10)
Dual	0.004 **
	(2.13)
年份效应	控制
行业效应	控制
常数项	0.099 ***
	(6.82)
样本量	29578
调整后 R^2	0.057

注：①在公司层面进行聚类，并经过稳健的标准误调整；②" * "" ** "和" *** "分别表示10%、5%和1%的显著性水平；③括号内报告值是 T 统计量。

6.4.5.11 前置一期并购投资

前面已经证实容错纠错机制的实施对国有企业并购投资具有促进作用，但容错纠错机制的实施有可能对未来几期的并购投资也产生影响，因此，本章将国有企业并购投资前置一期对实证模型（6 − 1）进行重新回归，回归结果如表6 − 20所示。结果显示，容错纠错机制（FEM）的回归系数为0.007，且在5%的水平上显著为正，这说明在对并购投资进行前置一期后，本章的主要结论依然成立。

表 6 – 20   前置一期并购投资

变量	MA
FEM	0.007 **
	(2.29)
Size	− 0.006 ***
	(− 7.89)
Lev	− 0.000
	(− 0.07)
Growth	0.003
	(1.59)
Top	0.006
	(0.99)
Cash	− 0.007
	(− 0.52)
List	− 0.000
	(− 0.03)
Board	0.003
	(0.91)
Share	− 0.000
	(− 0.02)
Dual	− 0.003
	(− 1.08)
年份效应	控制
行业效应	控制
常数项	0.124 ***
	(7.73)
样本量	10425
调整后 R²	0.014

注：①在公司层面进行聚类，并经过稳健的标准误调整；②" * "" ** "和" *** "分别表示
10%、5% 和 1% 的显著性水平；③括号内报告值是 T 统计量。

6.4.5.12　排除替代性解释

研究已经证明，激励企业并购投资的重要方式之一则是税收优惠政策（尹磊，2021；李彬和潘爱玲，2015）。近年来，我国政府出台了一系列的税收优惠政策，如财政部、国家税务总局《关于全面推开营业税改征增值税试点的通知》和财政部、税务总局《关于调整增值税税率的通知》。为了证实国有企业并购投资水平的提升是容错纠错机制实施导致的，而不是这些税收优惠政策带来的，本章采用应缴增值税与应缴营业税之和与营业收入的比值来衡量企业的实际税负（*Taxation*），并将其作为控制变量放入实证模型（6-1）中进行重新估计，回归结果如表 6-21 所示。结果显示，容错纠错机制（*FEM*）的回归系数为 0.008，且在 5% 的水平上显著为正，这说明在控制这些税收优惠政策之后，本章的主要结论依然成立。

表 6-21　排除替代性解释

变量	*MA*
FEM	0.008 **
	(2.56)
Taxation	0.087
	(0.82)
Size	-0.003 ***
	(-4.78)
Lev	-0.006
	(-1.48)
Growth	0.020 ***
	(5.68)
Top	0.012 **
	(2.02)
Cash	0.000
	(0.03)
List	0.001
	(0.89)

变量	MA
Board	-0.003 (-0.94)
Share	0.000 (0.22)
Dual	0.000 (0.12)
年份效应	控制
行业效应	控制
常数项	0.052 *** (3.77)
样本量	11406
调整后 R^2	0.027

　　注：①在公司层面进行聚类，并经过稳健的标准误调整；②"＊""＊＊"和"＊＊＊"分别表示 10%、5% 和 1% 的显著性水平；③括号内报告值是 T 统计量。

6.4.6　拓展性分析

　　前面的回归结果已表明，容错纠错机制通过缓解委托代理问题和提高公司风险承担水平显著促进了国有企业并购投资，本部分进一步探讨容错纠错机制的实施对不同层级国有企业并购投资的影响、对国有企业内部投资和外部投资的影响差异、对国有企业相关多元化并购的影响，以及对国有企业并购绩效的影响，从而丰富了本章的回归结果和研究结论。

6.4.6.1　容错纠错机制的实施对不同层级国有企业并购投资的影响

　　为了探讨容错纠错机制的实施对中央国有企业、省属国有企业和市属国有企业的并购投资是否都有影响，本章进一步将容错纠错机制（*FEM*）拆分为 *FEM × CentralSOE*、*FEM × ProvinceSOE* 和 *FEM × CitySOE*，用来分别反映容错纠错机制对中央国有企业、省属国有企业和市属国有企业的经济效应。

其中，*CentralSOE*、*ProvinceSOE* 和 *CitySOE* 分别代表是否为中央国有企业、省属国有企业和市属国有企业的虚拟变量，回归结果如表 6 – 22 所示。实证检验结果显示，*FEM × CentralSOE*、*FEM × ProvinceSOE* 和 *FEM × CitySOE* 的回归系数分别为 0.011、0.011 和 0.012，且至少在 5% 的水平上显著为正，这表明容错纠错机制的实施对中央国有企业、省属国有企业和市属国有企业的并购投资水平均具有促进作用。

表 6 – 22　　　　容错纠错机制对不同层级国有企业并购投资的影响

变量	MA
FEM × CentralSOE	0.011 ***
	(3.43)
FEM × ProvinceSOE	0.011 **
	(2.39)
FEM × CitySOE	0.012 **
	(2.50)
Size	− 0.003 ***
	(− 5.18)
Lev	− 0.004
	(− 0.91)
Growth	0.020 ***
	(5.89)
Top	0.012 **
	(2.08)
Cash	− 0.001
	(− 0.12)
List	0.001
	(0.97)
Board	− 0.002
	(− 0.73)
Share	0.000
	(0.17)

续表

变量	MA
Dual	0.001
	(0.23)
年份效应	控制
行业效应	控制
常数项	0.059 ***
	(4.37)
样本量	11752
调整后 R²	0.027

注：①在公司层面进行聚类，并经过稳健的标准误调整；②" * "" ** "和" *** "分别表示10%、5%和1%的显著性水平；③括号内报告值是 T 统计量。

6.4.6.2　容错纠错机制的实施对国有企业内部投资和外部投资的影响差异

前面的结果表明，容错纠错机制的实施显著促进了国有企业的固定资产投资、创新投资和并购投资。为了检验容错纠错机制对国有企业并购投资和固定资产投资的影响差异，本章利用并购投资增加额与固定资产投资增加额的差值（EXTER1）作为被解释变量，对实证模型（6-1）进行重新估计，回归结果如表6-23所示。实证检验结果显示，容错纠错机制（FEM）的回归系数为0.244，且在10%的水平上显著为正，表明容错纠错机制的实施对并购投资增加额与固定资产投资增加额的差值具有显著的提升作用，从而说明相较于国有企业的固定资产投资，容错纠错机制的实施对具有更高风险的国有企业并购投资影响更大。

为了检验容错纠错机制对国有企业并购投资和创新投资的影响差异，本章利用并购投资增加额与创新投资增加额的差值（EXTER2）作为被解释变量，对实证模型（6-1）进行重新估计，回归结果如表6-23所示。结果显示，容错纠错机制（FEM）的回归系数为0.015，且未通过显著性测试，表明容错纠错机制的实施对并购投资增加额与创新投资增加额的差值没有明显影响，从而说明创新投资和并购投资都具有较高的风险，并且创新投资和并购投资的风险没有明显差异，因此，容错纠错机制的实施对国有企业创新投资和并购投资的影响没有显著性差异。

表 6 - 23　容错纠错机制对国有企业内部投资和外部投资的差异性影响

变量	EXTER1	EXTER2
FEM	0. 244 * (1. 93)	0. 015 (1. 18)
Size	- 0. 500 *** (- 13. 22)	- 0. 047 *** (- 12. 40)
Lev	0. 064 (0. 50)	0. 070 *** (5. 17)
Growth	- 0. 946 *** (- 6. 04)	- 0. 075 *** (- 6. 04)
Top	- 0. 440 * (- 1. 72)	- 0. 018 (- 0. 88)
Cash	- 0. 250 (- 0. 75)	- 0. 033 (- 0. 85)
List	0. 059 (1. 53)	- 0. 002 (- 0. 72)
Board	- 0. 064 (- 0. 61)	- 0. 003 (- 0. 27)
Share	0. 002 (0. 48)	- 0. 001 (- 0. 61)
Dual	- 0. 075 (- 0. 88)	0. 005 (0. 59)
年份效应	控制	控制
行业效应	控制	控制
常数项	10. 885 *** (13. 19)	0. 995 *** (13. 58)
样本量	11740	11752
调整后 R^2	0. 086	0. 056

注：①在公司层面进行聚类，并经过稳健的标准误调整；②" * "" ** "和" *** "分别表示 10% 、5% 和 1% 的显著性水平；③括号内报告值是 T 统计量。

6.4.6.3 容错纠错机制对国有企业相关多元化并购的影响

研究表明，企业实施无关多元化并购活动主要是向不相关行业进行扩张，更多时候被认为是国有企业管理层盲目并购或低效率并购（Morck et al.，1990；方军雄，2008；逯东等，2019）。为此，本章借鉴方军雄（2008）的做法，剔除无关多元化并购活动，对实证模型（6-1）重新估计，回归结果如表6-24所示。实证检验结果显示，容错纠错机制（FEM）的回归系数为0.004，且在5%的水平上显著为正，表明在剔除无关多元化并购活动后，容错纠错机制的实施对国有企业并购投资的促进作用依然显著，这说明容错纠错机制在监督和约束国有企业管理层自利行为的情况下提高了国有企业风险承担水平，进而促进了国有企业并购投资。

表6-24　　　　**容错纠错机制对国有企业相关多元化并购的影响**

变量	MA
FEM	0.004 ** (1.98)
Size	-0.001 *** (-3.30)
Lev	-0.004 * (-1.70)
Growth	0.009 *** (4.40)
Top	0.005 (1.20)
Cash	0.004 (0.55)
List	-0.000 (-0.24)
Board	0.001 (0.33)

续表

变量	*MA*
Share	0.000 (0.64)
Dual	−0.000 (−0.32)
年份效应	控制
行业效应	控制
常数项	0.023 *** (2.63)
样本量	11299
调整后 R²	0.016

注：①在公司层面进行聚类，并经过稳健的标准误调整；②"＊""＊＊"和"＊＊＊"分别表示10%、5%和1%的显著性水平；③括号内报告值是 T 统计量。

6.4.6.4 容错纠错机制对国有企业并购绩效的影响

前面的结果表明，容错纠错机制通过缓解国有企业委托代理问题和提高国有企业风险承担水平，从而促进了国有企业并购投资。那么，容错纠错机制的实施对国有企业并购绩效有什么影响？已有研究表明，提高企业并购效率方式之一就是完善公司治理机制，进而减少企业管理层的机会主义行为（逯东第，2019；周绍妮等，2017）。一方面，容错纠错机制把纠错程序嵌入国有企业管理层的管理审查、决策审查和纪律审查之中，将其固化成审查制度和监督机制，从而强化对国有企业管理层权力的监督，约束国有企业管理层的自利性行为，降低国有企业代理成本；另一方面，未按规定实施尽职调查、对被并购方管理失控、未按规定履行决策程序擅自进行兼并收购等，依然会对国有企业管理层进行责任追究。因此，本章预期容错纠错机制的实施会提升国有企业并购绩效。

为了进一步探讨容错纠错机制对国有企业并购后绩效的影响，本章利用 *ROA* 衡量企业绩效，并将其作为被解释变量来实证检验容错纠错机制的实施对国有企业并购后绩效的影响，回归结果如表 6 – 25 所示。实证检验结果显

· 184 ·

示，容错纠错机制与并购投资的交互项（*FEM*×*MA*）在5%的水平上显著为正，这表明容错纠错机制的实施显著提升了国有企业的并购绩效。

表6-25 容错纠错机制对国有企业并购绩效的影响

变量	ROA
MA	0.011 ** (2.28)
FEM	0.001 (0.24)
FEM×*MA*	0.020 ** (2.02)
Size	0.009 *** (11.94)
Lev	-0.118 *** (-23.68)
Grwoth	0.016 *** (14.36)
Top	0.013 ** (2.46)
Cash	0.224 *** (17.72)
List	-0.003 *** (-2.64)
Board	-0.007 *** (-3.02)
Share	0.000 (0.38)
Dual	0.000 (0.17)
年份效应	控制
行业效应	控制
常数项	-0.106 *** (-7.17)
样本量	11752
调整后 R^2	0.306

注：①在公司层面进行聚类，并经过稳健的标准误调整；②"*""**"和"***"分别表示10%、5%和1%的显著性水平；③括号内报告值是T统计量。

6.5 本章小结

本章采用2010～2021年我国 A 股国有上市公司数据，探讨了容错纠错机制的实施对国有企业并购投资的影响及其作用路径。结果显示：总体而言，容错纠错机制的实施对国有企业并购投资水平具有显著的激励效应；异质性分析结果表明，在行业竞争程度较低、地区法治环境较差、高管晋升激励较强和高管任期较短的分组样本中，容错纠错机制对国有企业并购投资的促进作用更加明显；作用机制分析结果表明，容错纠错机制通过公司治理机制和风险承担机制促进国有企业并购投资水平的提升；拓展性分析结果表明，容错纠错机制的实施显著促进了不同层级国有企业并购投资活动，提高了国有企业相关多元化并购投资水平，提升了国有企业并购绩效，同时相较于国有企业固定资产投资，容错纠错机制的实施对具有更高风险的国有企业并购投资影响更大，但是容错纠错机制的实施对国有企业创新投资和并购投资的影响没有显著性差异。

本章的研究结果拓展了国有企业并购投资影响因素的相关文献，充实了容错纠错机制经济后果的相关研究，厘清了容错纠错机制对国有企业并购投资水平的作用机制。同时，本章的研究结果对现实情况也具有一定的指导和借鉴意义。首先，容错纠错机制对国有企业并购投资具有促进效应，表明容错纠错机制是潜在有效的激励国有企业并购投资的方式，这对通过兼并收购实现国有企业资源整合和做大做强具有重要的参考意义。其次，从并购投资的角度考察了容错纠错机制对国有企业外部投资的影响，证明了容错纠错机制具有提高国有企业风险承担水平和缓解国有企业委托代理问题的积极作用。最后，将行业竞争程度、地区法治环境、高管晋升激励和高管任期置于容错纠错机制促进国有企业并购投资决策中，发现内外部治理因素会影响容错纠错机制的实施效果。因此，为了实现容错纠错机制实施效果的最大化，应该充分考虑内外部治理因素的差异性影响。

| 第 7 章 |

结论与启示

7.1 研究结论

在我国国有企业改革步入深水区和攻坚期的背景下，本书从国有企业内、外部投资行为的视角出发，深入探讨了容错纠错机制的实施与国有企业固定资产投资、创新投资和并购投资之间的关系，这不仅对于进一步深化国有企业改革具有重要意义，而且对于国家持续推动经济高质量发展也发挥着至关重要的作用。因此，本书首先以 2010～2021 年我国 A 股国有上市公司为研究对象，从我国政府交错实施容错纠错机制这一制度背景出发，系统考察了容错纠错机制的实施对国有企业投资行为的影响。其次，本书基于风险容忍理论和委托代理理论，考察了容错纠错机制的实施对国有企业投资行为的作用机制和基本路径。最后，本书进一步从外部制度环境和公司内部治理特征两个维度，研究了容错纠错机制的实施对国有企业投资行为的差异性影响。本书的主要研究结论如下。

首先，容错纠错机制的实施对国有企业投资行为具有显著的激励效应。具体来说，容错纠错机制显著提升了国有企业固定资产投资水平、创新投资水平和并购投资水平。主要原因在于：一方面，容错纠错机制可以对国有企业管理层进行更为有效的监督，在一定程度上约束国有企业管理层的行为，减少管理层谋取私利和失职渎职问题，从而促进了国有企业投资行为；另一方面，容错纠错机制宽容了国有企业管理层在投资过程中出现的失败和挫折，打消了国有企业管理层对投资失败的顾虑，提高了国有企业管理层对投资风险的容忍度和风险承担意愿，从而促进了国有企业投资行为。

其次，为了探究容错纠错机制对国有企业投资行为的作用机制，本书检验了公司治理机制和风险承担机制，以揭示容错纠错机制如何影响国有企业投资行为。研究发现，容错纠错机制通过提高公司治理水平和公司风险承担水平显著提升了国有企业投资水平。这直接证实了容错纠错机制对国有企业投资行为的作用机制，打通了"宏观政策—微观企业"的逻辑链条。

最后，本书结合我国外部制度环境和企业内部治理特征的差异，考察了容错纠错机制的实施对国有企业投资行为的不同影响。研究发现，在行业竞争程度较低、地区法治环境较差、高管晋升激励较强、高管任期较短的分组中，容错纠错机制的实施对国有企业投资行为的促进作用更加明显。这从侧面验证了容错纠错机制通过提高风险承担水平和公司治理水平，从而促进了国有企业投资行为。

7.2 研究启示

本书的研究启示主要有以下三点。

第一，应加快推进实施容错纠错机制的步伐。随着我国国有企业改革步入深水区和攻坚期，作为推动经济高质量发展的"排头兵"，国有企业被赋予了更多的使命，如何提高国有企业管理层的生产积极性成为重要话题。本书的研究指出，容错纠错机制通过提高公司治理水平和公司风险承担水平显著促进了国有企业投资，揭示了容错纠错机制在国有企业中的重要作用，表明了容错纠错机制的实施可能是国有企业进一步深化改革的重要方式。因此，在我国经济发展进入新常态，政府应该加快推进实施容错纠错机制的步伐，促使国有企业扩大生产经营、追求高质量发展和提高规模经济，从而为国民经济添砖加瓦。

第二，应合理配置有效的晋升激励机制。本书的研究指出，在高管晋升激励较强的分组中，容错纠错机制的实施对国有企业投资行为的促进作用更加明显，表明国有企业高管晋升激励会强化容错纠错机制的投资激励效应。因此，为最大化容错纠错机制产生的投资激励效应，政府应该合理配置有效的晋升激励机制。同时，在高管晋升激励机制的设计中应考虑高管教育背景等因素，从而进一步增强高管晋升激励对容错纠错机制投资激励效应的强化作用。

第三，应加强产品市场竞争和优化地区法治环境。一方面，产品市场竞争作为一种公司外部治理机制和市场竞争机制，能够对企业经营决策产生重要影响。现有研究表明，产品市场竞争通过监督和约束作用显著降低了代理成本（邢立全和陈汉文，2013；Nalebuff and Stiglitz，1983；Hart，1983），有助于企业加强研发新技术或新产品（何玉润等，2015），积极实施企业横向并购（徐虹等，2015）。另一方面，在法制环境较好的地区，法律法规体系较为完善，监管机制较为健全，行政执法较为严格，执法效率和水平较高，股东和管理层更加规范和约束自己的行为，企业在生产经营过程中面临的委托代理问题相对较轻。本书的研究指出，激烈的市场竞争以及健全的地区法治环境，与容错纠错机制的实施之间是相互替代的关系，这表明产品市场竞争和地区法治环境发挥了积极的治理作用。因此，政府有关部门不仅应该注重加强产品市场竞争，为企业营造有序的竞争环境，而且应该进一步优化地区法治环境，为企业创造和谐的社会环境，来推动企业的健康发展与壮大。

7.3　研究不足与展望

本书通过对已有研究的收集和梳理，以政府实施容错纠错机制为背景，探讨了容错纠错机制对国有企业投资行为的影响及其作用机制。虽然本书在一定程度上拓展了容错纠错机制经济后果的相关研究，丰富了国有企业投资行为影响因素的相关文献，厘清了容错纠错机制对国有企业投资水平的作用机制，但是囿于个人科研能力和知识丰富度，本书仍有一定的局限性，有待进一步研究。

第一，如何有效剥离容错机制和纠错机制。本书梳理了我国容错纠错机制的演变过程与出台背景，介绍了容错情形、纠错程序以及二者之间的关系，并从实证检验视角考察了容错纠错机制的实施对国有企业投资行为的影响，验证了公司治理机制和风险承担机制是容错纠错机制促进国有企业投资的作用机制，但未能有效剥离容错机制和纠错机制，后续研究可以考虑分别检验容错机制和纠错机制对国有企业投资行为的影响及其作用机制。

第二，优化容错纠错机制的度量方式。本书从政府层面是否实施容错纠错机制视角来构建模型，虽然在一定程度上避免了其他因素的干扰，但还不够深入和厚实，后续研究可以考虑采用连续变量来衡量容错纠错机制或辅以案例分析加以说明，从而增加本书的深度和广度。

第三，从投资效率视角检验容错纠错机制的实施效果。本书主要聚焦于容错纠错机制对国有企业固定资产投资、创新投资和并购投资的影响及其作用机制，虽然在一定程度上探讨了容错纠错机制与国有企业投资效率之间的关系，但还是不够深入和充分，后续研究可以继续考虑从投资效率视角来评估容错纠错机制的政策效应。

第四，如何合理界定容错纠错机制的影响。本书以 2010~2021 年我国 A 股国有上市公司为研究对象，探究了容错纠错机制的实施对国有企业投资行为的影响及其作用机制。2015 年以后，我国进入国有企业改革的深化攻坚期，出台的相应政策文件较多，虽然本书排除了部分替代性解释，但仍可能会对本书的研究结论产生一定影响，后续研究可以继续考虑排除这些因素的干扰，使本书结论更加可靠。

参考文献

[1] 白俊红，李婧．政府 R&D 资助与企业技术创新——基于效率视角的实证分析 [J]．金融研究，2011 (6)：181 – 193.

[2] 白旭云，王砚羽，苏欣．研发补贴还是税收激励——政府干预对企业创新绩效和创新质量的影响 [J]．科研管理，2019 (6)：9 – 18.

[3] 毕晓方，邢晓辉，姜宝强．客户型文化促进了企业创新吗？——来自中国制造业上市公司的经验证据 [J]．会计研究，2020 (2)：166 – 178.

[4] 蔡竞，董艳．银行业竞争与企业创新——来自中国工业企业的经验证据 [J]．金融研究，2016 (11)：96 – 111.

[5] 蔡庆丰，田霖．产业政策与企业跨行业并购：市场导向还是政策套利 [J]．中国工业经济，2019 (1)：81 – 99.

[6] 蔡卫星，赵峰，曾诚．政治关系、地区经济增长与企业投资行为 [J]．金融研究，2011 (4)：100 – 112.

[7] 曹廷求，张钰，刘舒．董事网络、信息不对称和并购财富效应 [J]．经济管理，2013 (8)：41 – 52.

[8] 曹越，孙丽．国有控制权转让对内部控制质量的影响：监督还是掏空？[J]．会计研究，2021 (10)：126 – 151.

[9] 陈春华，蒋德权，曹伟．高管晋升与企业税负——来自中国地方国有上市公司的经验证据 [J]．会计研究，2019 (4)：81 – 88.

[10] 陈冬华，陈信元，万华林．国有企业中的薪酬管制与在职消费

[J]. 经济研究, 2005 (2): 92 - 101.

[11] 陈克兢, 万清清, 康艳玲. 国家治理体系与国有企业创新效率——基于巡视监督的准自然实验 [J]. 科研管理, 2020 (8): 211 - 219.

[12] 陈玲, 杨文辉. 研发税收抵扣的分配机制和政策效果 [J]. 科研管理, 2017 (7): 37 - 43.

[13] 陈丽霖, 冯星昱. 基于 IT 行业的治理结构、R&D 投入与企业绩效关系研究 [J]. 研究与发展管理, 2015 (3): 45 - 56.

[14] 陈隆, 张宗益, 古利平. 合作技术创新对技术联盟能量效率的影响 [J]. 管理学报, 2004 (1): 125 - 128 + 6.

[15] 陈朋. 推动容错与问责合力并举 [J]. 红旗文稿, 2017 (14): 29 - 30.

[16] 陈朋. 容错机制发挥激励作用的影响因素分析 [J]. 江淮论坛, 2019 (4): 70 - 76.

[17] 陈仕华, 姜广省, 卢昌崇. 董事联结、目标公司选择与并购绩效——基于并购双方之间信息不对称的研究视角 [J]. 管理世界, 2013 (12): 117 - 132 + 187 - 188.

[18] 陈仕华, 卢昌崇, 姜广省, 等. 国企高管政治晋升对企业并购行为的影响——基于企业成长压力理论的实证研究 [J]. 管理世界, 2015 (9): 125 - 136.

[19] 陈效东, 周嘉南. 非激励型高管股权激励、企业投资方式与控制人收益 [J]. 管理评论, 2016 (5): 161 - 174.

[20] 陈运森, 蒋艳, 何玉润. 违规经营投资责任追究与国有企业风险承担 [J]. 会计研究, 2022 (4): 53 - 70.

[21] 陈运森, 谢德仁. 网络位置、独立董事治理与投资效率 [J]. 管理世界, 2011 (7): 113 - 127.

[22] 程瑶, 闫慧慧. 税收优惠对企业研发投入的政策效应研究 [J]. 数量经济技术经济研究, 2018 (2): 116 - 130.

[23] 程仲鸣, 夏新平, 余明桂. 政府干预、金字塔结构与地方国有上

市公司投资［J］. 管理世界, 2008（9）: 37－47.

［24］戴静, 杨筝, 刘贯春, 等. 银行业竞争、创新资源配置和企业创新产出——基于中国工业企业的经验证据［J］. 金融研究, 2020（2）: 51－70.

［25］戴小勇, 成力为. 金融发展对企业融资约束与研发投资的影响机理［J］. 研究与发展管理, 2015（3）: 25－33.

［26］戴亦一, 肖金利, 潘越. "乡音"能否降低公司代理成本？——基于方言视角的研究［J］. 经济研究, 2016（12）: 147－160＋186.

［27］杜勇, 张欢, 陈建英. 金融化对实体企业未来主业发展的影响: 促进还是抑制［J］. 中国工业经济, 2017（12）: 113－131.

［28］樊勇, 李昊楠, 蒋玉杰. 企业税负、税收凸显性与企业固定资产投资［J］. 财贸经济, 2018（12）: 49－61.

［29］方军雄. 政府干预、所有权性质与企业并购［J］. 管理世界, 2008（9）: 118－123＋148＋188.

［30］冯根福, 温军. 中国上市公司治理与企业技术创新关系的实证分析［J］. 中国工业经济, 2008（7）: 91－101.

［31］冯根福, 郑明波, 温军, 等. 究竟哪些因素决定了中国企业的技术创新——基于九大中文经济学权威期刊和 A 股上市公司数据的再实证［J］. 中国工业经济, 2021（1）: 17－35.

［32］冯旭南. 债务融资和掠夺——来自中国家族上市公司的证据［J］. 经济学（季刊）, 2012（3）: 943－968.

［33］付文林, 赵永辉. 税收激励、现金流与企业投资结构偏向［J］. 经济研究, 2014（5）: 19－33.

［34］高洁, 徐茗丽, 孔东民. 地区法律保护与企业创新［J］. 科研管理, 2015（3）: 92－102.

［35］高敬忠, 赵思媛, 王英允. 经济政策不确定性、产业政策与并购溢价［J］. 产业经济研究, 2021（2）: 42－55.

［36］顾海峰, 朱慧萍. 高管薪酬差距促进了企业创新投资吗——基于中国 A 股上市公司的证据［J］. 会计研究, 2021（12）: 107－120.

［37］顾雷雷，王鸿宇．社会信任、融资约束与企业创新［J］．经济学家，2020（11）：39 - 50.

［38］辜胜阻，庄芹芹．资本市场功能视角下的企业创新发展研究［J］．中国软科学，2016（11）：4 - 13.

［39］辜胜阻，庄芹芹，曹誉波．构建服务实体经济多层次资本市场的路径选择［J］．管理世界，2016（4）：1 - 9.

［40］郭玥．政府创新补助的信号传递机制与企业创新［J］．中国工业经济，2018（9）：98 - 116.

［41］郝颖，刘星．大股东自利动机下的资本投资与配置效率研究［J］．中国管理科学，2011（1）：167 - 176.

［42］郝颖，刘星．政府干预、资本投向与结构效率［J］．管理科学学报，2011（4）：52 - 73.

［43］郝颖，刘星，林朝南．上市公司大股东控制下的资本配置行为研究——基于控制权收益视角的实证分析［J］．财经研究，2006（8）：81 - 93.

［44］郝颖，李晓欧，刘星．终极控制、资本投向与配置绩效［J］．管理科学学报，2012（3）：83 - 96.

［45］韩凤芹，陈亚平．税收优惠真的促进了企业技术创新吗？——来自高新技术企业15%税收优惠的证据［J］．中国软科学，2021（11）：19 - 28.

［46］韩静，陈志红，杨晓星．高管团队背景特征视角下的会计稳健性与投资效率关系研究［J］．会计研究，2014（12）：25 - 31 + 95.

［47］韩忠雪，周婷婷．产品市场竞争、融资约束与公司现金持有：基于中国制造业上市公司的实证分析［J］．南开管理评论，2011（4）：149 - 160.

［48］后小仙，郑田丹．金融化、财政激励与企业投资结构［J］．审计与经济研究，2021（3）：117 - 127.

［49］何立胜，陈元志．国有企业创新发展状况与高管认知［J］．改革，2016（12）：37 - 45.

［50］何瑛，于文蕾，戴逸驰，等．高管职业经历与企业创新［J］．管理世界，2019（11）：174 - 192.

[51] 何玉润，林慧婷，王茂林．产品市场竞争、高管激励与企业创新——基于中国上市公司的经验证据 [J]．财贸经济，2015（2）：125-135.

[52] 何钰子，汤子隆，常曦，等．地方产业政策如何影响企业技术创新？——结构特征、影响机制与政府激励结构破解 [J]．中国软科学，2022（4）：45-54.

[53] 胡国柳，赵阳，胡珺．D&O 保险、风险容忍与企业自主创新 [J]．管理世界，2019（8）：121-135.

[54] 胡华夏，洪荭，肖露璐，等．税收优惠与研发投入——产权性质调节与成本粘性的中介作用 [J]．科研管理，2017（6）：135-143.

[55] 胡宁，王雪方，孙莲珂，等．房产限购政策有助于实体企业"脱虚返实"吗——基于双重差分研究设计 [J]．南开管理评论，2019（4）：20-31.

[56] 胡元木．技术独立董事可以提高 R&D 产出效率吗？——来自中国证券市场的研究 [J]．南开管理评论，2012（2）：136-142.

[57] 黄灿，俞勇，郑鸿．经济政策不确定性与企业并购：中国的逻辑 [J]．财贸经济，2020（8）：95-109.

[58] 黄俊，陈信元，赵宇，等．司法改善与企业投资——基于我国巡回法庭设立的经验研究 [J]．经济学（季刊），2021（5）：1521-1544.

[59] 黄庆华，陈习定，张芳芳，等．CEO 两职合一对企业技术创新的影响研究 [J]．科研管理，2017（3）：69-76.

[60] 黄庆华，张芳芳，陈习定．高管短期薪酬的创新激励效应研究 [J]．科研管理，2019（11）：257-265.

[61] 蒋墨冰，黄先海，杨君．经济政策不确定性、产业政策与中国企业海外并购 [J]．经济理论与经济管理，2021（3）：26-39.

[62] 姜付秀，黄磊，张敏．产品市场竞争、公司治理与代理成本 [J]．世界经济，2009（10）：46-59.

[63] 姜付秀，张敏，刘志彪．并购还是自行投资：中国上市公司扩张方式选择研究 [J]．世界经济，2008（8）：77-84.

［64］姜晓萍，吴宝家．警惕伪创新：基层治理能力现代化进程中的偏差行为研究［J］．中国行政管理，2021（10）：41－48.

［65］金宇超，靳庆鲁，宣扬．"不作为"或"急于表现"：企业投资中的政治动机［J］．经济研究，2016（10）：126－139.

［66］孔东民，徐茗丽，孔高文．企业内部薪酬差距与创新［J］．经济研究，2017（10）：144－157.

［67］孔军，原靖换．"减税降费"下上市企业税负对创新产出的影响研究［J］．中国软科学，2021（S1）：268－276.

［68］赖黎，巩亚林，夏晓兰，等．管理者从军经历与企业并购［J］．世界经济，2017（12）：141－164.

［69］郎香香，尤丹丹．管理者从军经历与企业研发投入［J］．科研管理，2021（6）：166－175.

［70］黎文靖，彭远怀，谭有超．知识产权司法保护与企业创新——兼论中国企业创新结构的变迁［J］．经济研究，2021（5）：144－161.

［71］黎文靖，郑曼妮．实质性创新还是策略性创新？——宏观产业政策对微观企业创新的影响［J］．经济研究，2016（4）：60－73.

［72］李彬，潘爱玲．税收诱导、战略异质性与公司并购［J］．南开管理评论，2015（6）：125－135.

［73］李春涛，宋敏．中国制造业企业的创新活动：所有制和 CEO 激励的作用［J］．经济研究，2010（5）：55－67.

［74］李红娟，张晓文．员工持股试点先行：值得期待的国企混合所有制改革——基于江苏、江西国有企业员工持股改革分析［J］．经济体制改革，2017（4）：96－101.

［75］李佳．股权集中度、管理层过度自信与企业并购决策［J］．金融论坛，2016（9）：45－56.

［76］李路，贺宇倩，汤晓燕．文化差异、方言特征与企业并购［J］．财经研究，2018（6）：140－152.

［77］李路，王雪丁，贺宇倩，等．语言与公司并购——基于收购方独

立董事方言特征的视角［J］. 中国会计评论, 2018（1）: 1 - 26.

［78］李明辉. 股权结构、公司治理对股权代理成本的影响——基于中国上市公司 2001～2006 年数据的研究［J］. 金融研究, 2009（2）: 149 - 168.

［79］李猛. 中国自贸区服务与"一带一路"的内在关系及战略对接［J］. 经济学家, 2017（5）: 50 - 57.

［80］李善民, 周小春. 公司特征、行业特征和并购战略类型的实证研究［J］. 管理世界, 2007（3）: 130 - 137.

［81］李寿喜. 产权、代理成本和代理效率［J］. 经济研究, 2007（1）: 102 - 113.

［82］李诗, 蒋骄亮, 吴超鹏. 家族主义文化与企业并购行为——来自家族上市公司的证据［J］. 会计研究, 2022（1）: 144 - 157.

［83］李姝, 柴明洋. 董事会决策权配置与并购效率研究——基于商誉减值的事后证据［J］. 中国会计评论, 2017（3）: 255 - 288.

［84］李维安, 刘振杰, 顾亮. 董事会异质性、断裂带与跨国并购［J］. 管理科学, 2014（4）: 1 - 11.

［85］李文贵, 余明桂. 所有权性质、市场化进程与企业风险承担［J］. 中国工业经济, 2012（12）: 115 - 127.

［86］李文贵, 余明桂, 钟慧洁. 央企董事会试点、国有上市公司代理成本与企业绩效［J］. 管理世界, 2017（8）: 123 - 135 + 153.

［87］李小荣, 张瑞君. 股权激励影响风险承担: 代理成本还是风险规避?［J］. 会计研究, 2014（1）: 57 - 63 + 95.

［88］李小燕, 陶军. 高管薪酬变化与并购代理动机的实证分析——基于国有与民营上市公司治理结构的比较研究［J］. 中国软科学, 2011（5）: 122 - 128.

［89］李新春, 苏琦, 董文卓. 公司治理与企业家精神［J］. 经济研究, 2006（2）: 57 - 68.

［90］李亚飞, 王凤荣, 李安然. 技术型企业家促进了企业创新吗?［J］. 科研管理, 2022（6）: 186 - 193.

［91］李延喜，何超，周依涵．金融合作提升"一带一路"区域创新能力研究［J］．科研管理，2019（9）：1－13.

［92］李延喜，曾伟强，马壮，等．外部治理环境、产权性质与上市公司投资效率［J］．南开管理评论，2015（1）：25－36.

［93］李扬子．管理层能力、高管激励与企业创新战略选择［J］．中南财经政法大学学报，2022（2）：41－51.

［94］廖珂，谢德仁，张新一．控股股东股权质押与上市公司并购——基于市值管理的视角［J］．会计研究，2020（10）：97－111.

［95］林润辉，李飞，桂原，等．企业高管团队影响跨国并购模式选择研究——特征驱动还是角色使然［J］．科学学与科学技术管理，2019（7）：88－104.

［96］刘白璐，吕长江．基于长期价值导向的并购行为研究——以我国家族企业为证据［J］．会计研究，2018（6）：47－53.

［97］刘春，李善民，孙亮．独立董事具有咨询功能吗？——异地独董在异地并购中功能的经验研究［J］．管理世界，2015（3）：124－136＋188.

［98］刘娥平，关静怡．管理层股权激励驱动下的并购决策及其经济后果［J］．证券市场导报，2022（6）：58－69.

［99］刘贯春，段玉柱，刘媛媛．经济政策不确定性、资产可逆性与固定资本投资［J］．经济研究，2019（8）：53－70.

［100］刘贯春，刘媛媛，张军．经济政策不确定性与中国上市公司的资产组合配置——兼论实体企业的"金融化"趋势［J］．经济学（季刊），2020（5）：65－86.

［101］刘行，叶康涛，陆正飞．加速折旧政策与企业投资——基于"准自然实验"的经验证据［J］．经济学（季刊），2019（1）：213－234.

［102］刘慧龙．控制链长度与公司高管薪酬契约［J］．管理世界，2017（3）：95－112.

［103］刘啟仁，赵灿，黄建忠．税收优惠、供给侧改革与企业投资［J］．管理世界，2019（1）：78－96＋114.

[104] 刘思明，侯鹏，赵彦云．知识产权保护与中国工业创新能力——来自省级大中型工业企业面板数据的实证研究［J］．数量经济技术经济研究，2015（3）：40－57．

[105] 刘胜强，刘星．股权结构对企业 R&D 投资的影响——来自制造业上市公司 2002～2008 年的经验证据［J］．软科学，2010（7）：32－36．

[106] 刘万丽．高管短期薪酬、风险承担与研发投资［J］．中国软科学，2020（7）：178－186．

[107] 刘鑫．面向 2035 年原始创新的容错机制构建［J］．中国科技论坛，2020（8）：9－11．

[108] 刘怡，侯思捷，耿纯．增值税还是企业所得税促进了固定资产投资——基于东北三省税收政策的研究［J］．财贸经济，2017（6）：5－16＋114．

[109] 刘亚伟，张兆国．股权制衡、董事长任期与投资挤占研究［J］．南开管理评论，2016（1）：54－69．

[110] 刘运国，刘雯．我国上市公司的高管任期与 R&D 支出［J］．管理世界，2007（1）：128－136．

[111] 刘泽照．突发事件应急管理中的官员避责行为及纠治［J］．中国行政管理，2021（5）：138－145．

[112] 刘中燕，周泽将．技术独立董事与企业研发投入［J］．科研管理，2020（6）：237－244．

[113] 卢闯，孙健，张修平，等．股权激励与上市公司投资行为——基于倾向得分配对方法的分析［J］．中国软科学，2015（5）：110－118．

[114] 卢现祥，李磊．企业创新影响因素及其作用机制：述评与展望［J］．经济学家，2021（7）：55－62．

[115] 逯东，黄丹，杨丹．国有企业非实际控制人的董事会权力与并购效率［J］．管理世界，2019（6）：119－141．

[116] 逯东，宋昕倍．产业政策能否促进资本"联姻"——基于上市公司设立并购基金的视角［J］．中国工业经济，2022（3）：114－132．

［117］罗宏，秦际栋．高管薪酬攀比与企业并购［J］．财贸研究，2020（11）：97 - 110.

［118］罗知，赵奇伟，严兵．约束机制和激励机制对国有企业长期投资的影响［J］．中国工业经济，2015（10）：69 - 84.

［119］马海涛，朱梦珂．税收负担对企业固定资产投资的影响——基于税种差异视角的研究［J］．经济理论与经济管理，2021（11）：4 - 22.

［120］马连福，高塬．资本配置效率会影响企业创新投资吗？——独立董事投资意见的调节效应［J］．研究与发展管理，2020（4）：110 - 123.

［121］马轶群，王文仙．国家审计容错纠错机制的构建——理论基础、现实问题与可行路径［J］．中南财经政法大学学报，2018（2）：25 - 31.

［122］马永强，阳丹，巩亚林．经济周期、政府扶持与企业创新［J］．会计研究，2022（5）：49 - 64.

［123］梅春，邓鸣茂，陆蓉．垂直薪酬差异对公司创新产出的影响机理［J］．管理科学，2021（6）：88 - 100.

［124］苗妙，魏建，刘安．法治环境、金融深化与企业投资结构偏向［J］．中国经济问题，2016（2）：29 - 39.

［125］倪静，王成方．最终控制人性质、市场化进程与企业并购——基于中国上市公司的经验证据［J］．中央财经大学学报，2010（2）：86 - 90.

［126］倪婷婷，王跃堂．增值税转型、集团控制与企业投资［J］．金融研究，2016（1）：160 - 175.

［127］聂辉华，谭松涛，王宇锋．创新、企业规模和市场竞争：基于中国企业层面的面板数据分析［J］．世界经济，2008（7）：57 - 66.

［128］潘爱玲，吴倩，李京伟．高管薪酬外部公平性、机构投资者与并购溢价［J］．南开管理评论，2021（1）：39 - 49 + 59 - 60.

［129］潘红波，夏新平，余明桂．政府干预、政治关联与地方国有企业并购［J］．经济研究，2008（4）：41 - 52.

［130］潘红波，余明桂．支持之手、掠夺之手与异地并购［J］．经济研究，2011（9）：108 - 120.

［131］潘星宇，沈艺峰．股权激励、企业并购与利润管理［J］．经济管理，2021（10）：99－118．

［132］潘越，潘健平，戴亦一．公司诉讼风险、司法地方保护主义与企业创新［J］．经济研究，2015（3）：131－145．

［133］潘越，汤旭东，宁博，等．连锁股东与企业投资效率：治理协同还是竞争合谋［J］．中国工业经济，2020（2）：136－164．

［134］潘越，肖金利，戴亦一．文化多样性与企业创新：基于方言视角的研究［J］．金融研究，2017（10）：146－161．

［135］权小锋，醋卫华，尹洪英．高管从军经历、管理风格与公司创新［J］．南开管理评论，2019（6）：140－151．

［136］任海云．股权结构与企业 R&D 投入关系的实证研究——基于 A 股制造业上市公司的数据分析［J］．中国软科学，2010（5）：126－135．

［137］桑瑞星，刘文菁，康为，等．气象部门事业单位科技创新政策适用探析［J］．中国软科学，2021（S1）：103－107＋115．

［138］申广军，陈斌开，杨汝岱．减税能否提振中国经济？——基于中国增值税改革的实证研究［J］．经济研究，2016（11）：70－82．

［139］申慧慧，于鹏．税法折旧与公司投资结构［J］．会计研究，2021（2）：133－148．

［140］苏坤．国有金字塔层级对公司风险承担的影响——基于政府控制级别差异的分析［J］．中国工业经济，2016（6）：127－143．

［141］孙甲奎，肖星．独立董事投行经历与上市公司并购行为及其效应研究——来自中国市场的证据［J］．会计研究，2019（10）：64－70．

［142］孙早，肖利平．产业特征、公司治理与企业研发投入——来自中国战略性新兴产业 A 股上市公司的经验证据［J］．经济管理，2015（8）：23－34．

［143］谭劲松，冯飞鹏，徐伟航．产业政策与企业研发投资［J］．会计研究，2017（10）：58－64＋97．

［144］谭语嫣，谭之博，黄益平，等．僵尸企业的投资挤出效应：基于

中国工业企业的证据 ［J］. 经济研究，2017（5）：175－188.

［145］唐跃军，左晶晶. 所有权性质、大股东治理与公司创新 ［J］. 金融研究，2014（6）：177－192.

［146］田祥宇，杜洋洋，李佩瑶. 高管任期交错会影响企业创新投入吗？［J］. 会计研究，2018（12）：56－61.

［147］田轩，孟清扬. 股权激励计划能促进企业创新吗 ［J］. 南开管理评论，2018（3）：176－190.

［148］万丛颖，黄萌萌，黄速建. 强制分红政策、代理冲突与地方国有企业绩效 ［J］. 财贸经济，2022（4）：85－97.

［149］万良勇，胡璟. 网络位置、独立董事治理与公司并购——来自中国上市公司的经验证据 ［J］. 南开管理评论，2014（2）：64－73.

［150］万良勇，郑小玲. 董事网络的结构洞特征与公司并购 ［J］. 会计研究，2014（5）：67－72＋95.

［151］万庄. 关于完善干部激励约束和容错纠错机制的几点探讨 ［J］. 中国行政管理，2018（10）：86－89.

［152］汪波，章韬，王纯洁. 所有权性质、企业并购决策与经营绩效——来自42家钢铁上市公司的证据 ［J］. 中央财经大学学报，2013（9）：57－63.

［153］汪炜，陆帅. 行业冲击、政府控制与企业并购行为 ［J］. 财贸经济，2015（8）：132－142.

［154］汪伟，张少辉.《社会保险法》实施是否缓解了企业投融资期限错配 ［J］. 财贸经济，2022（3）：34－49.

［155］王陈豪，王轶，李红波. 宗族文化与企业并购收益 ［J］. 会计研究，2020（2）：101－116.

［156］王凤荣，高飞. 政府干预、企业生命周期与并购绩效——基于我国地方国有上市公司的经验数据 ［J］. 金融研究，2012（12）：137－150.

［157］王桂军，曹平. "营改增" 对制造业企业自主创新的影响——兼议制造业企业的技术引进 ［J］. 财经研究，2018（3）：4－19.

[158] 王海成，吕铁．知识产权司法保护与企业创新——基于广东省知识产权案件"三审合一"的准自然试验［J］．管理世界，2016（10）：118 - 133.

[159] 王海军，奚浩彬，邢华．管理者从政经历增加了国企的海外并购倾向吗？：来自上市公司的经验证据［J］．世界经济研究，2021（4）：70 - 87 + 135 - 136.

[160] 王红建，傅文霁，曹瑜强，等．信息分散程度、审批制度改革与国有企业投资效率——基于市级行政审批中心成立的准自然实验［J］．财贸经济，2020（5）：131 - 145.

[161] 王兰芳，王悦，侯青川．法制环境、研发"粉饰"行为与绩效［J］．南开管理评论，2019（2）：128 - 141 + 185.

[162] 王明琳，徐萌娜，王河森．利他行为能够降低代理成本吗？——基于家族企业中亲缘利他行为的实证研究［J］．经济研究，2014（3）：144 - 157.

[163] 王山慧，王宗军，田原．管理者过度自信与企业技术创新投入关系研究［J］．科研管理，2013（5）：1 - 9.

[164] 王姝勋，董艳．期权激励与企业并购行为［J］．金融研究，2020（3）：169 - 188.

[165] 王姝勋，方红艳，荣昭．期权激励会促进公司创新吗？——基于中国上市公司专利产出的证据［J］．金融研究，2017（3）：176 - 191.

[166] 王雄元，徐晶．放松市场准入管制提高了企业投资效率吗？——基于"市场准入负面清单"试点的准自然实验［J］．金融研究，2022（9）：169 - 187.

[167] 王艳，李善民．社会信任是否会提升企业并购绩效？［J］．管理世界，2017（12）：125 - 140.

[168] 王燕妮．高管激励对研发投入的影响研究——基于我国制造业上市公司的实证检验［J］．科学学研究，2011（7）：1071 - 1078.

[169] 王宇伟，周耿，吴瞳，等．央行的言辞沟通、实际行动与企业投资行为［J］．中国工业经济，2019（5）：118 - 135.

[170] 魏浩，巫俊．知识产权保护、进口贸易与创新型领军企业创新

[J]．金融研究，2018（9）：91 - 106．

[171] 魏志华，李常青，吴育辉，等．半强制分红政策、再融资动机与经典股利理论——基于股利代理理论与信号理论视角的实证研究［J］．会计研究，2017（7）：55 - 61 + 97．

[172] 吴超鹏，金溪．社会资本、企业创新与会计绩效［J］．会计研究，2020（4）：45 - 57．

[173] 吴超鹏，唐菂．知识产权保护执法力度、技术创新与企业绩效——来自中国上市公司的证据［J］．经济研究，2016（11）：125 - 139．

[174] 吴传俭，吴星泽，喻灵．服务于创新驱动战略的政府审计容错纠错机制研究［J］．会计研究，2017（5）：90 - 95 + 97．

[175] 吴冬梅，庄新田．限售股解禁、资本投资与控制权私利——来自我国上市公司股权分置改革的证据［J］．管理评论，2016（10）：67 - 78．

[176] 吴金光，毛军，唐畅．政府研发补贴是否激励了科技型中小企业创新？［J］．中国软科学，2022（9）：184 - 192．

[177] 吴伟伟，张天一．非研发补贴与研发补贴对新创企业创新产出的非对称影响研究［J］．管理世界，2021（3）：137 - 160 + 10．

[178] 吴延兵．中国哪种所有制类型企业最具创新性？［J］．世界经济，2012（6）：3 - 25 + 28 - 29 + 26 - 27．

[179] 辛宇，宋沛欣，徐莉萍，等．经营投资问责与国有企业规范化运作——基于高管违规视角的经验证据［J］．管理世界，2022（12）：199 - 221．

[180] 肖冰，肖尤丹，许可．知识产权司法保护与企业创新的互动机制研究——基于专利侵权诉讼的分析［J］．科研管理，2019（12）：172 - 181．

[181] 解维敏，方红星．金融发展、融资约束与企业研发投入［J］．金融研究，2011（5）：171 - 183．

[182] 解维敏，唐清泉，陆姗姗．政府 R&D 资助，企业 R&D 支出与自主创新——来自中国上市公司的经验证据［J］．金融研究，2009（6）：86 - 99．

[183] 邢立全，陈汉文．产品市场竞争、竞争地位与审计收费——基于代理成本与经营风险的双重考量［J］．审计研究，2013（3）：50 - 58．

[184] 许罡，朱卫东，孙慧倩. 政府补助的政策效应研究——基于上市公司投资视角的检验 [J]. 经济学动态，2014（6）：87-95.

[185] 许言，邓玉婷，陈钦源，等. 高管任期与公司坏消息的隐藏 [J]. 金融研究，2017（12）：174-190.

[186] 徐虹，林钟高，李倩. 管理层权力、客户集中度与股权激励 [J]. 广东财经大学学报，2015（3）：86-96.

[187] 徐金发，刘翌. 企业治理结构与技术创新 [J]. 科研管理，2002（4）：11-15.

[188] 徐妙妙，陶启智，朱翔龙. 中国上市公司控制权被收购的影响因素 [J]. 金融论坛，2015（12）：68-78.

[189] 徐伟，张荣荣，周文梅. 国有控股方治理机制、竞争环境与R&D 投入 [J]. 中国软科学，2017（10）：184-192.

[190] 徐细雄，李万利. 儒家传统与企业创新：文化的力量 [J]. 金融研究，2019（9）：112-130.

[191] 徐晓萍，张顺晨，许庆. 市场竞争下国有企业与民营企业的创新性差异研究 [J]. 财贸经济，2017（2）：141-155.

[192] 闫华红，王亚茹. 管理层权力、法制环境与企业并购商誉 [J]. 财政研究，2020（8）：118-128.

[193] 晏国菀，谢光华. 董事联结、董事会职能与并购绩效 [J]. 科研管理，2017（9）：106-115.

[194] 杨波，张佳琦，吴晨. 企业所有制能否影响中国企业海外并购的成败 [J]. 国际贸易问题，2016（7）：97-108.

[195] 杨继彬，李善民，杨国超，等. 省际双边信任与资本跨区域流动——基于企业异地并购的视角 [J]. 经济研究，2021（4）：41-59.

[196] 杨林，杨倩. 高管团队结构差异性与企业并购关系实证研究 [J]. 科研管理，2012（11）：57-67.

[197] 杨娜，陈烨，李昂. 高管海外经历、管理自主权与企业后续海外并购等待时间 [J]. 国际贸易问题，2019（9）：161-174.

［198］杨瑞龙．论国有经济中的多级委托代理关系［J］．管理世界，1997（1）：107－116.

［199］杨瑞龙，王元，聂辉华．"准官员"的晋升机制：来自中国央企的证据［J］．管理世界，2013（3）：23－33.

［200］杨天宇，朱光．容错机制能促进国有企业创新吗［J］．经济理论与经济管理，2022（10）：4－16.

［201］杨亭亭，罗连化，许伯桐．政府补贴的技术创新效应："量变"还是"质变"？［J］．中国软科学，2018（10）：52－61.

［202］杨兴全，曾义．现金持有能够平滑企业的研发投入吗？——基于融资约束与金融发展视角的实证研究［J］．科研管理，2014（7）：107－115.

［203］杨勇，达庆利，周勤．公司治理对企业技术创新投资影响的实证研究［J］．科学学与科学技术管理，2007（11）：61－65.

［204］叶康涛，李宛姗，赵奇锋．老马识途："多面手"高管与企业创新［J］．科研管理，2021（9）：157－165.

［205］叶永卫，云锋，曾林．容错纠错机制何以激励国企创新？［J］．财经研究，2022（5）：95－109.

［206］尹磊．我国并购重组企业所得税政策效应研究——基于 A 股上市公司的大样本实证检验［J］．税务研究，2021（7）：104－111.

［207］尹志锋．专利诉讼经历与企业技术创新战略［J］．世界经济，2018（10）：170－192.

［208］应千伟，何思怡．CEO 的财会教育经历有价值吗——基于并购绩效视角的证据［J］．会计研究，2021（6）：42－58.

［209］余明桂，石沛宁，钟慧洁，等．垄断与企业创新——来自《反垄断法》实施的证据［J］．南开管理评论，2021（1）：159－168＋180＋204－206.

［210］余明桂，钟慧洁，范蕊．业绩考核制度可以促进央企创新吗？［J］．经济研究，2016（12）：104－117.

［211］余鹏翼，敖润楠，陈文婷．CEO 年龄、风险承担与并购［J］．经

济理论与经济管理，2020（2）：87 - 102.

[212] 俞萍萍，赵永亮 . 企业异质性与跨国并购——基于我国制造业微观数据的检验 [J] . 国际商务（对外经济贸易大学学报），2015（6）：136 - 145.

[213] 于凡修 . 国有企业自主创新能力提升策略分析 [J] . 经济纵横，2021（6）：87 - 93.

[214] 于文超，殷华，梁平汉 . 税收征管、财政压力与企业融资约束 [J] . 中国工业经济，2018（1）：100 - 118.

[215] 虞义华，赵奇锋，鞠晓生 . 发明家高管与企业创新 [J] . 中国工业经济，2018（3）：136 - 154.

[216] 袁建国，范文林，程晨 . 税收优惠与企业技术创新——基于中国上市公司的实证研究 [J] . 税务研究，2016（10）：28 - 33.

[217] 袁媛，王一晟，刘彬 . 宗族文化是否影响企业并购决策？——来自上市家族企业的证据 [J] . 外国经济与管理，2022（5）：136 - 152.

[218] 曾春影，茅宁，易志高 . CEO 的知青经历与企业并购溢价——基于烙印理论的实证研究 [J] . 外国经济与管理，2019（11）：3 - 14.

[219] 曾宪聚，陈霖，严江兵，等 . 高管从军经历对并购溢价的影响：烙印——环境匹配的视角 [J] . 外国经济与管理，2020（9）：94 - 106.

[220] 赵洪江，陈学华，夏晖 . 公司自主创新投入与治理结构特征实证研究 [J] . 中国软科学，2008（7）：145 - 149.

[221] 赵静，陈晓 . 货币政策、制度环境与企业投资结构 [J] . 科研管理，2016（9）：123 - 135.

[222] 赵静，郝颖 . GDP 竞争动机下的企业资本投向与配置结构研究 [J] . 科研管理，2013（5）：102 - 110.

[223] 赵玲，黄昊 . 容错机制建设、担当激励与企业创新 [J] . 经济经纬，2022（2）：110 - 119.

[224] 赵奇锋，王永中 . 薪酬差距、发明家晋升与企业技术创新 [J] . 世界经济，2019（7）：94 - 119.

[225] 赵奇锋，赵文哲，卢荻，等 . 博彩与企业创新：基于文化视角的

研究［J］. 财贸经济，2018（9）：122-140.

［226］赵仁杰，张家凯. 地方司法体制改革与企业投资——来自地方法院人财物省级统管的证据［J］. 经济学（季刊），2022（2）：505-526.

［227］赵旭峰，温军. 董事会治理与企业技术创新：理论与实证［J］. 当代经济科学，2011（3）：110-116+128.

［228］赵妍，赵立彬. 晋升激励影响并购价值创造吗？——来自国有控股企业的经验证据［J］. 经济经纬，2018（2）：158-164.

［229］赵子乐，林建浩. 海洋文化与企业创新——基于东南沿海三大商帮的实证研究［J］. 经济研究，2019（2）：68-83.

［230］张爱美，李夏冰，金杰，等. 环境规制、代理成本与公司绩效——来自化工行业上市公司的经验证据［J］. 会计研究，2021（8）：83-93.

［231］张超，刘星. 内部控制缺陷信息披露与企业投资效率——基于中国上市公司的经验研究［J］. 南开管理评论，2015（5）：136-150.

［232］张成思，刘贯春. 中国实业部门投融资决策机制研究——基于经济政策不确定性和融资约束异质性视角［J］. 经济研究，2018（12）：51-67.

［233］张杰，郑文平，翟福昕. 竞争如何影响创新：中国情景的新检验［J］. 中国工业经济，2014（11）：56-68.

［234］张鸣，郭思永. 高管薪酬利益驱动下的企业并购——来自中国上市公司的经验证据［J］. 财经研究，2007（12）：103-113.

［235］张倩，张玉喜. 区域金融发展、企业财务柔性与研发投入——以中小企业为例［J］. 科研管理，2020（7）：79-88.

［236］张雯，张胜，李百兴. 政治关联、企业并购特征与并购绩效［J］. 南开管理评论，2013（2）：64-74.

［237］张晓亮，杨海龙，唐小飞. CEO学术经历与企业创新［J］. 科研管理，2019（2）：154-163.

［238］张欣. 高管晋升锦标赛、市场化与国有企业并购［J］. 广东财经大学学报，2016（5）：61-71.

［239］张璇，束世宇. 儒家文化、外来文化冲击与企业创新［J］. 科研

管理，2022（9）：194 – 200.

[240] 张训常，刘晔，周颖刚．"政资分开"能改善国有企业投资效率吗？[J]．管理科学学报，2021（4）：1 – 18.

[241] 张一林，龚强，荣昭．技术创新、股权融资与金融结构转型[J]．管理世界，2016（11）：65 – 80.

[242] 张兆国，何威风，闫炳乾．资本结构与代理成本——来自中国国有控股上市公司和民营上市公司的经验证据[J]．南开管理评论，2008（1）：39 – 47.

[243] 张正勇，胡言言．海归技术高管与企业创新[J]．科研管理，2021（2）：171 – 180.

[244] 章永奎，赖少娟，杜兴强．学者型独立董事、产品市场竞争与公司创新投入[J]．经济管理，2019（10）：123 – 142.

[245] 章元，程郁，佘国满．政府补贴能否促进高新技术企业的自主创新？——来自中关村的证据[J]．金融研究，2018（10）：123 – 140.

[246] 周杰，薛有志．公司内部治理机制对 R&D 投入的影响——基于总经理持股与董事会结构的实证研究[J]．研究与发展管理，2008（3）：1 – 9.

[247] 周静，辛清泉．金字塔层级降低了国有企业的政治成本吗？——基于经理激励视角的研究[J]．财经研究，2017（1）：29 – 40.

[248] 周铭山，张倩倩．"面子工程"还是"真才实干"？——基于政治晋升激励下的国有企业创新研究[J]．管理世界，2016（12）：116 – 132 + 187 – 188.

[249] 周铭山，张倩倩，杨丹．创业板上市公司创新投入与市场表现：基于公司内外部的视角[J]．经济研究，2017（11）：135 – 149.

[250] 周绍妮，张秋生，胡立新．机构投资者持股能提升国企并购绩效吗？——兼论中国机构投资者的异质性[J]．会计研究，2017（6）：67 – 74 + 97.

[251] 周瑜胜，宋光辉．公司控制权配置、行业竞争与研发投资强度[J]．科研管理，2016（12）：122 – 131.

[252] 周中胜，贺超，韩燕兰．高管海外经历与企业并购绩效：基于"海归"高管跨文化整合优势的视角 [J]．会计研究，2020 (8)：64 – 76.

[253] 钟宁桦，温日光，刘学悦．"五年规划"与中国企业跨境并购 [J]．经济研究，2019 (4)：149 – 164.

[254] 郑展鹏，曹玉平，刘志彪．我国自由贸易试验区制度创新的认识误区及现实困境．经济体制改革，2019 (6)：53 – 59.

[255] 郑志刚，李东旭，许荣，等．国企高管的政治晋升与形象工程——基于 N 省 A 公司的案例研究 [J]．管理世界，2012 (10)：146 – 156 + 188.

[256] 庄芹芹，林瑞星，罗伟杰．宽容失败与企业创新——来自国有企业改革的证据 [J]．经济管理，2022 (4)：23 – 44.

[257] 庄毓敏，储青青，马勇．金融发展、企业创新与经济增长 [J]．金融研究，2020 (4)：11 – 30.

[258] ADHIKARI B K, AGRAWAL A. Religion, gambling attitudes and corporate innovation [J]. Journal of Corporate Finance, 2016, 37: 229 – 248.

[259] AGGARWAL R K, SAMWICK A A. Empire-builders and shirkers: investment, firm performance, and managerial incentives [J]. Journal of Corporate Finance, 2006, 12 (3): 489 – 515.

[260] AGHION P, BLOOM N, BLUNDELL R, et al. Competition and innovation: an inverted-U relationship [J]. Quarterly Journal of Economics, 2005, 120 (2): 701 – 728.

[261] AGHION P, VANREENEN J, ZINGALES L. Innovation and institutional ownership [J]. American Economic Review, 2013, 103 (1): 277 – 304.

[262] ALBERT G. Ownership, government R&D, private R&D, and productivity in Chinese industry [J]. Journal of Comparative Economics, 2001, 29 (8): 136 – 157.

[263] ALMEIDA H V, WOLFENSON D. A theory of pyramidal ownership and family business groups [J]. Journal of Finance, 2006, 156 (6): 637 – 680.

[264] ANG J S, COLE R A, LIN J W. Agency costs and ownership structure [J]. Journal of Finance, 2000, 55 (1): 81 – 106.

[265] AYYAGARI M, DEMIRGUEC-KUNT A, MAKSIMOVIC V. Firm innovation in emerging markets: the role of finance, governance, and competition [J]. Journal of Financial and Quantitative Analysis, 2011, 46 (6): 1545 – 1580.

[266] BAYSINGER B D, KOSNIK R D, TURK T A. Effects of board and ownership structure on corporate R&D strategy [J]. Academy of Management Journal, 1991, 34 (1): 205 – 214.

[267] BECK T, LEVINE R, LEVKOV A. Big bad banks? The winners and losers from bank deregulation in the United States [J]. Journal of Finance, 2010, 65 (5): 1637 – 1667.

[268] BERLE A A, JR, GARDNER C M. Economics-law and planned business: The modern corporation and private property [J]. Public Administration, 1934, 12 (2): 191 – 212.

[269] BERNANKE B S. Irreversibility, uncertainty, and cyclical investment [J]. Quarterly Journal of Economics, 1983, 98 (1): 85 – 106.

[270] BERNILE G, BHAGWAT V, RAU P R. What doesn't kill you will only make you more risk-loving: Early-life disasters and CEO behavior [J]. Journal of Finance, 2017, 72 (1): 167 – 206.

[271] BERRY H. Internationalizing firm innovations: The influence of multi-market overlap in knowledge activities [J]. Journal of International Business Studies, 2020, 51 (6): 963 – 985.

[272] BINELLI C, MAFFIOLI A. A micro-econometric analysis of public support to private R&D in Argentina [J]. International Review of Applied Economics, 2007, 21 (3): 339 – 359.

[273] BONAIME A, GULEN H, ION M. Does policy uncertainty affect mergers and acquisitions? [J]. Journal of Financial Economics, 2018, 129 (3): 531 – 558.

［274］BOONE J. Intensity of competition and the incentive to innovate ［J］. International Journal of Industrial Organization, 2001, 19 (5): 705 - 726.

［275］BOS J W B, KOLARI J W, VAN LAMOEN R C R. Competition and innovation: Evidence from financial services ［J］. Journal of Banking & Finance, 2013, 37 (5): 1590 - 1601.

［276］BUSHMAN R, PIOTROSKI J, SMITH A. What determines corporate transparency? ［J］. Journal of Accounting Research, 2004, 42 (2): 207 - 252.

［277］BROWN J R, MARTINSSON G, PETERSEN B C. Law, stock markets, and innovation ［J］. Journal of Finance, 2013, 68 (4): 1517 - 1549.

［278］CAIN M D, MCKEON S B, SOLOMON S D. Do takeover laws matter? Evidence from five decades of hostile takeovers ［J］. Journal of Financial Economics, 2017, 124 (3): 464 - 485.

［279］CAO X P, LEMMON M, PAN X F, et al. Political promotion, CEO incentives, and the relationship between pay and performance ［J］. Management Science, 2019, 65 (7): 2947 - 2965.

［280］CHEN D, KIM J B, LI O Z, et al. China's closed pyramidal managerial labor market and the stock price crash risk ［J］. Accounting Review, 2018, 93 (3): 105 - 131.

［281］CHEN G, FIRTH M, XIN Y, et al. Control transfers, privatization, and corporate performance: Efficiency gains in China's listed companies ［J］. Journal of Financial and Quantitative Analysis, 2008, 43 (1): 161 - 190.

［282］CHEN Y M, PUTTITANUN T. Intellectual property rights and innovation in developing countries ［J］. Journal of Development Economics, 2005, 78 (2): 474 - 493.

［283］CHEN S M, SUN Z, TANG S, et al. Wu. Government intervention and investment efficiency: Evidence from China ［J］. Journal of Corporate Finance, 2011, 17 (2): 259 - 271.

［284］CLAESSENS S, LAEVEN L. Financial development, property rights, and growth [J]. Journal of Finance, 2003, 58 (6): 2401 – 2436.

[285] DAI X Y, CHENG L W. The effect of public subsidies on corporate R&D investment: An application of the generalized propensity score [J]. Technological Forecasting and Social Change, 2015, 90 (2): 410 – 419.

[286] DASGUPTA P, STIGLITZ J E. Industrial structure and the nature of innovative activity [J]. Economic Journal, 1980, 90 (358): 266 – 293.

[287] DYCK A, ZINGALES L. Private Benefits of Control: An international comparison [J]. Journal of Finance, 2004, 59 (2): 537 – 600.

[288] EDERER F, MANSO G. Is pay for performance detrimental to innovation? [J]. Management Science, 2013, 59 (7): 1496 – 1513.

[289] FERRIS S P, JAYRAMAN N, SABHERWAL S. CEO overconfidence and international merger and acquisition activity [J]. Journal of Financial and Quantitative Analysis, 2013, 48 (1): 137 – 164.

[290] FURUKAWA Y. The protection of intellectual property rights and endogenous growth [J]. Journal of Economic Dynamics and Control, 2007, 31 (11): 3644 – 3670.

[291] GALASSO A, SIMCOE T S. CEO overconfidence and innovation [J]. Management Science, 2011, 57 (8): 1469 – 1484.

[292] GIANNETTI M, LIAO G, YU X. The brain gain of corporate boards: Evidence from China [J]. Journal of Finance, 2015, 70 (4): 1629 – 1682.

[293] GIBBONS R, MURPHY K J. Optimal incentive contracts in the presence of career concerns: Theory and evidence [J]. Journal of Political Economy, 1992, 100 (3): 468 – 505.

[294] GORMELY T A, MATSA D A. Playing it safe? Managerial preferences, risk, and agency conflicts [J]. Journal of Financial Economics, 2015, 122 (3): 431 – 455.

[295] GRINSTEIN Y, HRIBAR P. CEO compensation and incentives: Evidence from M&A bonuses [J]. Journal of Financial Economics, 2004, 73 (1):

119 – 143.

［296］ GROSSMAN G M, ELHANAN H. Quality ladders in the theory of growth ［J］. Review of Economic Studies, 1991, 58（1）: 43 – 61.

［297］ HAMBRICK D C, MASON P A. Upper echelons: organization as a reflection of its managers ［J］. Academy Management Review, 1984, 9（2）: 193 – 206.

［298］ HART O D. The market mechanism as an incentive scheme ［J］. Bell Journal of Economics, 1983, 14（2）: 366 – 382.

［299］ HASAN I, HOI C K, WU Q, et al. Is social capital associated with corporate innovation? Evidence from publicly listed firms in the U. S ［J］. Journal of Corporate Finance, 2020, 62: 1 – 27.

［300］ HE J J, TIAN X. The dark side of analyst coverage: The case of innovation ［J］. Journal of Financial Economics, 2013, 109（3）: 856 – 878.

［301］ HENDERSON R, COCKBURN I. Scale, scope, and spillovers: the determinants of research productivity in drug discovery ［J］. The RAND Journal of Economics, 1996, 27（1）: 32 – 59.

［302］ HILL C W L, SNELL S A. External control, corporate strategy, and firm performance in research-intensive industries ［J］. Strategic Management Journal, 1988, 9（6）: 577 – 590.

［303］ HIRSHLEIFER D, LOW A, TEOH S H. Are overconfident CEOs better innovators? ［J］. Journal of Finance, 2012, 67（4）: 1457 – 1498.

［304］ HIRSHLEIFER D, HSU P H, LI D. Innovative efficiency and stock returns ［J］. Journal of Financial Economics, 2013, 107（3）: 632 – 654.

［305］ HOUSE C L, SHAPIRO M D. Temporary investment tax incentives: Theory with evidence from bonus depreciation ［J］. American Economic Review, 2008, 98（3）: 737 – 768.

［306］ HOWELL S T. Financing innovation: Evidence from R&D grants ［J］. American Economic Review, 2017, 107（4）: 1136 – 1164.

[307] HUANG H, XU C. Soft budget constraint and the optimal choices of research and development projects financing [J]. Journal of Comparative Economics, 1998, 26 (1): 62 –79.

[308] HUANG J, KISGEN D J. Gender and corporate finance: Are male executives overconfident relative to female executives? [J]. Journal of Financial Economics, 2013, 108 (3): 822 –839.

[309] HUANG Q, JIANG F, LIE E, et al. The role of investment banker directors in M&A [J]. Journal of Financial Economics, 2014, 112 (2): 269 –286.

[310] HUY Q, ZOTT C. Exploring the affective underpinnings of dynamic managerial capabilities: How managers' emotion regulation behaviors mobilize resources for their firms [J]. Strategic Management Journal, 2019, 40 (1): 28 –54.

[311] JENSEN M C, MECKLING W H. Theory of the firm: Managerial behavior, agency costs and ownership structure [J]. Journal of Financial Economics, 1976, 3 (4): 305 –360.

[312] JENSEN M C. Agency costs of free cash flow, corporate finance, and takeovers [J]. American Economic Review, 1986, 76 (2): 323 –329.

[313] JENTER D, LEWELLEN K. CEO preferences and acquisitions [J]. Journal of Finance, 2015, 70 (6): 2813 –2852.

[314] JOHN K, LITOV L, YEUNG B. Corporate governance and risk-taking [J]. Journal of Finance, 2008, 63 (4): 1679 –1728.

[315] JUDGE W Q, ZEITHAML C P. Institutional and strategic choice perspectives on board involvement in the strategic decision process [J]. Academy of Management Journal, 1992, 35 (4): 766 –794.

[316] KIM H, KUNG H. The asset redeployability channel: How uncertainty affects corporate investment [J]. Review of Financial Studies, 2017, 30 (1): 245 –280.

[317] KIMBERLY J R, EVANISKO M J. Organizational innovation: The influence of individual, organizational, and contextual factors on hospital adoption

of technological and administrative innovations [J]. Academy of Management Journal, 1981, 24 (4): 689 – 713.

[318] KING R G, LEVINE R. Finance, entrepreneurship, and growth [J]. Journal of Monetary Economics, 1993, 32: 513 – 542.

[319] KWON S S, YIN Q J. Executive compensation, investment opportunities and earnings management: High-tech firms versus low-tech firms [J]. Journal of Accounting, Auditing and Finance, 2006, 21 (2): 119 – 148.

[320] LERNER J J. WULF J. Innovation and incentives: Evidence from corporate R&D [J]. Review of Economics and Statistics, 2007, 89 (4): 634 – 644.

[321] LI P, LU Y, WANG J. Does flattening government improve economic performance? Evidence from China [J]. Journal of Development Economics, 2016, 123: 18 – 37.

[322] LIN C, LIN P, SONG F M, et al. Managerial incentives, CEO characteristics and corporate innovation in China's private sector [J]. Journal of Comparative Economics, 2011, 39 (2): 176 – 190.

[323] LOURY G C. Market structure and innovation [J]. The Quarterly Journal of Economics, 1979, 93 (3): 395 – 410.

[324] MALENKO N. Communication and decision-making in corporate boards [J]. Review of Financial Studies, 2014, 27 (5): 1486 – 1532.

[325] MALMENDIER U, TATE G. Who makes acquisitions? CEO overconfidence and the market's reaction [J]. Journal of Finance Economics, 2008, 89 (1): 20 – 43.

[326] MANSO G. Motivating innovation [J]. Journal of Finance, 2011, 66 (5): 1823 – 1860.

[327] MARIANNA M, LANE P J, GOMEZ-MEJIA L R. CEO incentives, innovation, and performance in technology-intensive firms: A reconciliation outcome and behavior-based incentive schemes [J]. Strategic Management Journal, 2006, 27 (11): 1057 – 1080.

[328] MEIERRIEKS D. Financial development and innovation: Is there evidence of a schumpeterian finance-innovation nexus? [J]. Annals of Economics and Finance, 2014, 15 (2): 343 – 363.

[329] MICHAEL S C, PEARCE J A. The need for innovation as a rationale for government involvement in entrepreneurship [J]. Entrepreneurship and Regional Development, 2009, 21 (3): 285 – 302.

[330] MORALES M F. Financial intermediation in a model of growth through creative destruction [J]. Macroeconomic Dynamics, 2003, 7 (3): 363 – 393.

[331] MORCK R, SHLEIFER A, VISHNY R W. Do managerial objectives drive bad acquisitions? [J]. Journal of Finance, 1990, 45 (1): 31 – 48.

[332] MURPHY J T. Networks, trust, and innovation in tanzania's manufacturing sector [J]. World Development, 2002, 30 (4): 591 – 619.

[333] NALEBUFF B J, STIGLITZ J E. Prizes and incentives: Towards a general theory of compensation and competition [J]. The Bell Journal of Economics, 1983, 14 (1): 21 – 43.

[334] NGUYEN N H, PHAN H V. Policy uncertainty and mergers and acquisitions [J]. Journal of Financial & Quantitative Analysis, 2017, 52 (2): 613 – 644.

[335] PARIS M L, SEMBENELLI A. Is private R&D spending sensitive to its price? Empirical evidence on panel data for Italy [J]. Empirica, 2003, 30 (4): 357 – 377.

[336] PAZDERKA B. Patent protection and pharmaceutical R&D spending in Canada [J]. Canadian Public Policy, 1999, 25 (1): 29 – 46.

[337] QIAN Y, XU C. Innovation and bureaucracy under soft and hard budget constraints [J]. Review of Economic Studies, 1998, 65 (1): 151 – 164.

[338] RRINGANUM J F. Uncertain innovation and the persistence of monopoly [J]. American Economic Review, 1983, 73 (4): 741 – 748.

[339] ROLL R. The hubris hypothesis of corporate takeovers [J]. The

Journal of Business, 1986, 59 (2): 197 – 216.

[340] ROMER P M. Endogenous technological change [J]. Journal of Political Economy, 1990, 98 (5): 71 – 102.

[341] SHARMA Z. Pay disparity and innovation: Evidence from firm level data [J]. International Journal of Banking Accounting and Finance, 2011, 3 (4): 233 – 257.

[342] SHEN C H, ZHANG H. Tournament incentives and firm innovation [J]. Review of Finance, 2018, 22 (4): 1515 – 1548.

[343] SHLEIFER A, VISHNY R W. Stock market driven acquisitions [J]. Journal of Financial Economics, 2003, 70 (3): 295 – 311.

[344] SPULBER D F. How do competitive pressures affect incentives to innovate when there is a market for inventions? [J]. Journal of Political Economy, 2013, 121 (6): 1007 – 1054.

[345] TIAN X, WANG T Y. Tolerance for failure and corporate innovation [J]. Review of Financial Studies, 2014, 27 (1): 211 – 255.

[346] TISHLER A, MILSTEIN I. R&D wars and the effects of innovation on the success and survivability of firms in oligopoly markets [J]. International Journal of Industrial Organization, 2008, 27 (4): 519 – 531.

[347] TONG T W, HE W L, HE Z L, et al. Patent regime shift and firm innovation: Evidence from the second amendment to China's patent Law [J]. Academy of Management Proceedings, 2014, 2014 (1): 1 – 1.

[348] WALLSTEN S J. The effects of government-industry R&D programs on private R&D: The case of the small business innovation research program [J]. The RAND Journal of Economics, 2000, 31 (1): 82 – 100.

[349] WANG J, ZHANG J, HUANG H, et al. Directors' and officers' liability insurance and firm innovation [J]. Economic Modelling, 2020, 89: 414 – 426.

[350] WEBER Y, DRORI I. Integrating organizational and human behavior perspectives on merges and acquisitions [J]. International Studies of Management

and Organization, 2011, 41 (3): 76 –95.

[351] YANG C, XIA X, LI Y. CEO financial career and corporate innovation: evidence from China [J]. International Review of Economics & Finance, 2021, 74: 81 –102.

[352] YIM S. The acquisitiveness of youth: CEO age and acquisition behavior [J]. Journal of Financial Economics, 2013, 108 (1): 250 –273.

[353] ZAHRA S A, NEUBAUM D O, HUSE M. Entrepreneurship in medium-size companies: Exploring the effects of ownership and governance systems [J]. Journal of Management, 2000, 26 (5): 947 –976.

[354] ZHANG W Y. Decision rights, residual claim and performance: A theory of how the Chinese state enterprise reform works [J]. China Economic Review, 1997, 8 (1): 67 –82.

[355] ZHENG G, WANG S, XU Y. Monetary stimulation, bank relationship and innovation: evidence from China [J]. Journal of Banking & Finance, 2018, 89: 237 –248

[356] ZHOU W. Innovation, imitation and competition [J]. The BE Journal of Economic Analysis & Policy, 2009, 9 (1): 1 –14.

[357] ZWICK E, MAHON J. Tax policy and heterogeneous investment behavior [J]. American Economic Review, 2017, 107 (1): 217 –24.

后　　记

本书是成都理工大学哲学社会科学研究基金项目"容错纠错机制与国有企业并购：理论分析和经验证据（YJ2024－QN014）"的主要研究成果，由成都理工大学资助出版。成都理工大学一直以来重视科学研究工作，在本项目的研究过程中，给予了多方面的支持。

感谢马永强教授（西南财经大学）、任世驰教授（西南财经大学）、金智教授（西南财经大学）、高升好教授（西南财经大学）、孔东民教授（华中科技大学）就研究设计、研究重点内容提出的宝贵意见和建议，为研究顺利进行指引了方向。最后，感谢郑平老师为本书出版工作付出的努力。

由于相关研究不断演进，同时受时间所限，书中难免出现错漏及信息不新的问题，敬请读者指正。